正向心理學

——生活、工作和教學的實用

江雪齡　著

作者簡介

江雪齡

學歷：Institute of HeartMath Qualified Instructor for The Resilient Educator

美國 Arizona 州立大學多元文化教育專題研究

美國 Arkansas 州立大學高等教育專題研究

美國 Indiana 州立 Ball 大學成人、高等及社區教育博士

美國 Indiana 州立 Ball 大學教育心理學碩士

國立台灣師範大學教育研究所進修

國立台灣師範大學國文系學士

現職：美國加州 Azusa Pacific 大學教育研究所教授兼系主任

經歷：美國西區社會科學學會亞洲研究主席

美國 Indiana Anderson 大學教育學院教授

美國 Indiana 州立 Ball 大學教育心理學與中等教育系講師

美國 Indiana 州成人教育學會副執行秘書

台灣高級工業職業學校教師兼秘書

高雄市初級中學教師

台北市初級中學教師兼副組長

主要中英文著作／翻譯：

國家標準與日美學校改革 （Gary DeCoker 主編，與郭有遹共同翻譯，文景，2004）

多元文化教育（師大書苑，2000）

邁向廿一世紀的多元文化教育（師大書苑，1996）

Modernization, Globalization, and Confucianism in Chinese Societies （Co-author: J. Tamney, Praeger, 2002）

目 次

表 次

圖 次

推薦序

心理學於開創之初，大師們所研究的課題大多是負面的，焦慮、犯罪、攻擊性、罪惡感等研究充滿了學界。到了 1960 年代，方有人本心理學大師開始研究「愛」等正向的心理。所幸東方的哲學界，尤其是中國，早就關注修身養性，心安理得的課題，佛道兩家更發展出具體的方法。而近年來劉墉、于丹等所寫的書籍，大多與幸福人生有關。所以，要寫出一本正向心理學，必須從東方思想中擷取大量的資料。

符合心理學研究的方法是：從資料中提出假設，由假設到實驗，從實驗的結果而建立正向心理學；否則，一切所說的、所做的都是信念而已。不過不要小看信仰的威力與效果，現今的正向心理學已經正視信仰的威力與重要性。我們常聽到的戲言：真真假假，假假真真；真中有假，假中有真；亦假亦真，以真作假，以假作真等，倒有幾分真理。何況並非所有的信仰都是沒有根據的，有很多宗教與哲學上的信仰是由實踐中體驗出來，字字珠璣，無須另作實驗。例如基督教中的「寬恕」，與儒、道、佛的「退一步則寬」之觀念，只要在必要的時候用之，就會立即感到心寬得多。有高血壓的人，若是天天為了復仇而操心，血壓必定居高不下，看到仇人，心跳便會加速；這種人，一旦使用原諒之心，必定會如釋重負、血壓降低。

筆者茲將讀者分為兩類：一為要另寫一本正向心理學的專家；另一為尋求快樂的人。前者以此書為踏腳石，將事半功倍，而後者不妨將此書中所中意之點，信而踐之，以觀後效。認真的做法應是

將本書中所指與快樂有關的素質，一一列出（列一），也將在其他文章中所看到的一起列出於左邊自成一列，然後在右邊開出一列（列二），用勾號表示「可以實行」；再後於第三列記下實行的日期，最後一列記載實行的成果。讀者也可以藉此而反省自己的快樂觀，檢討過去的作為對現在快樂的影響，然後從本書中所介紹的各家理論與研究來印證自己苦練的歷史、成因、現狀與將來，以改變一些觀點。

快樂不是只有一種。平常在用詞上便有歡樂、取樂、喜樂、娛樂、安樂、逸樂、禪悅、幸福等多種，在英文上也有 enjoyment 與 happiness 之分，後者通常指幸福，但也有人將之與快樂互用，當形容詞用時為快樂，當名詞用時為幸福，但歡樂多的，不見得就有幸福。

此外，快樂的範圍，有點有面；其時間有短有長。有時為了一點快樂，會損毀全面的快樂。短期的快樂，卻可影響到長期及多人的幸福，例如經常吸毒的人，有歡樂，但沒有幸福；有時追求長期快樂卻要忍受短期的痛苦。所以讀者必須明辨快樂的種類，方可妥善應用正向心理學。

西方學者所討論的快樂多屬短暫的，東方則多屬廣闊而久遠。例如本書中所引哈佛學者（Gilbert）所說：你只能撞進快樂，並不能創造快樂；他顯然把快樂當成一時的取樂。還有本書所介紹 Lybomirsky、Sheldon 和 Schkade 的快樂公式：

快樂＝人生的某段時間＋生命中的特殊事件＋有趣的活動

也是把快樂當成人生中短暫的一點取樂。據此，要尋找長久的快樂，便要疲於奔命了。而中國則有倒吃甘蔗般漸進式的快樂，快

然自足式的逸樂,與修身齊家式的安樂等等,不一而足。所以本書可以幫助研究正向心理學的西方人在中國哲理中尋寶。

此外,並不是所有負面的行為都與快樂無緣。有人以「引刀成一快」,也有人以罵人為快。這種負面行為的「正向」心理尚有待研究。

正向心理學是一種新的學科,最先寫這本書的人遇到的難題會比一般作者多。但是本書作者江雪齡博士於研究的過程中,綜合中西的哲學、宗教,與心理學中與苦樂有關的的心得與研究,為我們寫出這本書,實在難能可貴,讀者可以從本書獲得尋求正向人生的方法和概念。筆者對正向心理學素無研究,以上是筆者閱讀本書後所受到的啟發。新的學問出爐時總會引發深思與爭論,更何況人人對快樂都有很多經驗與見解。筆者逞一時之快,笑作《快樂頌》一則以娛讀者:

快樂頌

快可快,非常快;樂可樂,非常樂。無,眾欲之始;有,煩惱之母。

故常無,可以觀其動;常有,可以觀其感。此兩者,同出而異名,同謂之苦。有也苦,無也苦。苦之又苦,百病之門。

天下皆知快之為快,斯不快矣;皆知樂之為樂,斯不樂矣。眾人取樂,我獨逸樂。眾人哈哈,我獨默默。故你快我快,各快其快,你樂我樂,各樂其樂。長久之樂,謂之幸福。

有無相生，進退相成，悲歡相形，施捨相顧，歌舞相和，詩書相隨。

是以聖人存無為之欲，行不據之志。萬物作焉而並存，事業功成而身退。

夫唯知足，是以快樂。

郭有遹

熱忱快樂學無涯！《正向心理學》讀後

　　你是個樂觀進取、熱忱快樂的人嗎？許多人面對這樣的問題，的確無法立即而肯定正向地回答。在油慌、通膨和全球暖化的大議題下，全球的經濟前景真難教人樂觀；教改的是非功過難斷，辦學治校和教學的人，也真的很難積極進取而有所作為。守先待後堅持原則的人，在渾沌的時代如何而能夠熱忱有勁、奮鬥不懈？尤其在一個價值多元、倫理崩壞、禮教樂化淪喪的年代，真正的喜悅快樂和慾望滿足的縱情逸樂是非曲直或真偽難辨，誰才是真正樂觀熱忱、喜樂無憂的人？

　　正向心理學（positive psychology）的主要目的，在於協助個人探尋內在的心理能量，以快樂希望、健康自信的態度，面對人生的困難、挫折或榮辱橫逆。「天行健，君子以自強不息」、「君子坦蕩蕩，小人長戚戚」、「君子喻乎義，小人喻乎利」……等，許許多多的孔孟先哲智慧嘉言，都是儒家人本心理學觀點的人生詮釋。愚公移山、精衛填海，明知其不可而為，以天下為己任，貧賤不能移、富貴不能淫、威武不能屈……等，真是何等的熱忱而真摯勇敢。江雪齡教授從人生追求的極致，探討社會、認知、行為、人本心理學觀的正向人生，特別著重平安喜樂的幸福人生，寬恕體諒的人文教養，以及彈性強韌的人生修養，真可謂切中時弊，警醒沉溺放逸鬆散無為的浮華戲夢 E 世代！

　　在一個「人民奮起，台灣新生」的嶄新年代，人人都應該積極樂觀於自己的學習、事業與生活。「萬物靜觀皆自得，四時嘉興與人同」的悠閒寧靜，應該取代以往的薄弱膚淺和焦躁憂鬱，關鍵在

於每一個人是否能夠確實掌握自我心靈上的轉捩機制。而學校教師則更應該能夠靜思如何超越教育改革的是非功過,捫心自問在教學專業的表現上,是否符合年輕時發願選擇教職的初衷?是否一路走來任勞任怨、無怨無悔?是否以開發潛能,帶好每一個孩子為職志?是否悲天憫人,善解關懷?江雪齡教授從在台灣的中學教書,到取得博士學位在美國的大學任教,一以貫之的能以邀請式的教育為念,以多元文化的了解與尊重,移轉為人人可教,關懷的課程和發揮潛能的學習,最終從個人的內在喜樂,引導社會的和諧,頗有天人合德,生生不息,積健為雄,「宇宙便是吾心,吾心即是宇宙」的象山氣概,真是難得。尤其遠從加州來電,希望我能就其書稿提供修改建議,先讀為快之餘,特贅數語以為江教授新書之出版誌賀;更希望作者、讀者和教育界的同仁們,真能悅讀喜樂,開展更為熱忱有勁,啟迪無限的教學生涯!

高強華

謹識於慈濟大學教育研究所

2008.6.20

自　序

也許有人要問，是否快樂的人才能有正向心理？正向心理就是心裡快樂嗎？其實除了快樂，正向心理學還包括了正向的情緒、從逆境中彈回衝力的韌性，以及真誠的溝通方式。表面上開心、背地裡流淚的人，不管是在東方或是西方都有。人前逗人開心的喜劇泰斗金凱利就有憂鬱症；喜劇明星在掌聲和笑聲的背後，需要飲酒才能安睡，如羅賓威廉斯；香港紅星張國榮跳樓自殺，不知傷了多少影迷的心。顯然在他們看似亮麗的生活中，有一些不足為人道的黑暗面。

一般人雖然不是經常生活在光環中，但是人們的情緒起伏和是否易於滿足，是否常常表達感激，在日常的交談應對中就可以察覺。讓我們來思考下面這些對話：

A：你穿這件衣服很漂亮。
B：太胖了！

A：你今天看起來很美！
B：你的意思是我昨天很難看？

B：這個禮物送給你。我花了很多時間才找到的！
C：太浪費錢了，我什麼都不缺。

A：這個禮物很特別，我特別為你挑的！
B：下次折現金就好了！

　　相信很多人都聽過，也許也曾經說過上列的對話。將你設身處地在 A 的處境，請問你的感覺如何？人性中其實都喜歡美好的事物和別人的關心，但是表達的訊息卻往往予人負面的感覺。這種負面的反應經常來自習俗，雖然無心，但是聽在他人的耳裡卻變成澆冷水，或被打了一記耳光；這種互動在國人中，似乎相當普遍。筆者觀察一些在台灣和在美國的華人的日常生活，發現一般華人不會主動打招呼問好，當有不認識的人微笑打招呼時，華人往往避免眼光接觸，快速離去；或者瞪大眼睛懷疑對方認錯了人；或者認為對方精神有問題。就算是家人的互動中，我們似乎也不習慣接受或給予親人讚美和肯定。偶而有人讚美自己的孩子，得到的回答卻是：「哪裡，孩子不懂事。」或者想辦法找出他們「不配」得到讚美的原因。

　　我常想：為什麼我們不能開朗地去回應一個簡單的問安？為什麼我們不能愉快地去接受一個讚美？是因為文化的影響？是習慣？是環境？還是過度的懷疑和缺乏對自己、對別人的信心？

　　美國報章雜誌對正向心理學的反應，似乎偏向於認為：正向心理學是尋求表象膚淺的快樂（例如：*Psychology Today*, 2005.2）。事實上，正向心理學誠然希望使更多人能珍惜生命、珍視自己、珍重人際關係，還指望讓個人能尋求內在的自我平衡，從發揮所長、尊重自己和他人，從而貢獻自己，造成人際和諧與社會的和平。這個過程以西方實證的方式常有賴於量表、測驗、批判；從東方的實際觀卻多半仰賴自我反思、檢驗。方法誠然有別，但是採取行動達到自我體現，卻都可經由同理心、有系統的方法，使個人能自在地與自己和他人相處。

　　西方學者如佛洛伊德（Sigmund Freud, 1856-1939）、沙特

（Jean-Paul Sartre, 1905-1980）認為，人性充滿缺點而且脆弱；社會學家多半探討病態的社會，似乎社會充滿了黑暗和灰澀。那麼正向心理學到底能做什麼？研究正向心理學的學者到底想要表達什麼訊息？企圖完成什麼目標？對一般人的生活又有什麼影響？又怎麼能改善人們的觀感和作風？對學校和教室內的師生或職場的工作人員又有什麼作用？本書期望讀者藉著本書的訊息，在尋求內在的自我後，能找到適合自己，或自己能適應的環境，得以應用自己的長處，而且能夠使自己的生活和心理自在的答案。

　　本書的第一章談論追求快樂是一種自由、一個權利，文化的差異造成東方和歐美的人士對快樂有不同的詮釋和尋求的方法，因此也影響了不同的人生態度。第二章敘述在正向心理學發展為專業之前，其他心理學及宗教界研究，並敘述有關正向感情的理論和教導。第三章敘述正向心理學在美國的發展。第四章探討人生中曾經有的危險和可能擁有的機會，以及如何培養和訓練有彈力韌性的人生。第五章為正向心理學在生活和工作上的落實，從內在正向的情緒開始，擴展到服務的人生。第六章包含了許多教學和教法，期望教師和行政人員能共同營造一個正向的環境，以培育具有正向心理及有信心和有愛心的學生。最後一章是正向心理學的展望，除了領導統御和諮商心理學之外，期望其他專業也能加入正向心理學的應用和推展。盼望每一個人都能在愛人和愛己的原則下，共同創造一個喜樂和睦的社會。

　　筆者除了教導教育心理學多年，參與許多心理發展的年會和研討會外，也受過訓練，並成為有證照的訓練員，以培訓具有彈力韌性的教育工作者。基於對教育工作者的同理心，和對下一代學生的關懷，筆者認為這個世代的人們，都需要喚起對自己和對別人的敬

重，正向心理學就是幫忙我們成為愛人和愛己的利器。本書中許多章節都可以成為個別的專題研究，筆者僅盼與讀者分享部分此門內容豐富的專業，並期望更多的學者、教師和其他專業的人士，一同來討論和研究。

筆者得以完成本書，需要感謝的人很多。首先要感謝筆者任教的 Azusa Pacific 大學給予休假的時間，讓筆者能就近陪伴母親並致力於研讀、整理和寫作。其次要謝謝筆者在研究所求學時的郭有遹教授和高強華教授的指導、回饋並賜序，非常感激。更要感謝外子黃琪璘博士幫忙校稿，並提供意見。我們兩個孩子淑群、雅琦和女婿 Patrick 的鼓勵，也一併在此致謝。

江雪齡

謹識於美國洛杉磯

2008.8

前　言

　　人生汲汲營營，終其一生追求的大抵不外是活得愉快、死得平安。本書要談論的內容是正向心理學的理論，以及這種心理學在生活、工作和教室內的應用，使讀者能發現自己的價值、肯定自己的能力，進而活得自在。既然叫「正向心理」，自然是希望讀者能在閱讀和應用後，得到自我的肯定，並找到使自己自在的生活方式。正向心理學簡單的定義就是用科學的方法去探討人生中哪些情境最能使自己發揮所長，達到適才適所的成功，並進而能利人利己，促進社會的和諧。

　　正向心理學的範圍可以從個人內在的平靜快樂，到工作場所的適才適所，以及愛人愛己的方式。我們真的了解自己嗎？怎麼能更清楚認識自己？如何面對衝突？怎麼從逆境中恢復衝勁？筆者雖然也列舉一些心理學家的理論，但更著眼於鼓勵讀者去發現和應用自己的特點，和體會人生的意義。很多讀者也許讀過很多勵志的書籍，也具有尋求平安的知識，但是可能極少給自己時間和運用技巧，持之以恆地訓練自己，得以平安快樂。筆者在教導教師和準教師時，發現許多教師其實已經應用了正向心理學，卻不知道他們的作為和教法是其來有自。就像歷史上和社會裡很多人有正向的感情和經歷，卻沒有冠上一個學理；因此筆者認為，在人一生的成長和學習的過程中，有必要刻意去喚醒個人的自覺，首度或重新認識自己，並為自己在家庭、學校以及社會中找到定位。

　　正向心理學除了喚醒人們對快樂、愉悅的認知，也研究人們一些特質，如：寬宏、好奇、群策群力、能力和天賦等。

想想看，如果社會中多一些具有這些特質的人，社會上必定能增加很多詳和之氣。因此正向心理學家也特別探討能使人們有好的生活的一些外因，如：友誼、婚姻、家庭、教育等。如果人的一生中能夠滿足於過去、享受目前的生活、對未來充滿樂觀，必能肯定自己、欣賞別人。

正向心理學是一群美國的心理學家發展出來的專業，他們的著眼點和研究的方法自然有其文化的背景和影響。文化是形成人格和影響個人行事和作風很重要的因素，很多人知道文化是生活的型式和方法，東西方文化有不同的風土與價值觀，賦與生活在其中的人不同的看法和評價。如果說人本心理學家馬斯洛的需求理論可以同樣適用於東方和西方的人，在程度和內涵上必定也有許多不同的地方。本書的目的不全在比較東西方不同的價值觀，因為就是在同一個家庭長大的孩子，因為具有不同的資賦，在不同的領域發展，成長以後也會有不同的價值觀。所以本書在指出東西方不同哲理的同時，也邀請讀者反思自己的成長環境和過程，有時用西方學者發展的量表去量化自己，有時用東方學者的感受去靜思；最終的目的在使個人在多變的人際關係中，找到自我的定位和長處，因而得到內心的平靜、喜樂和自在。

正向心理學最簡單的定義就是快樂的科學（The science of happiness）。四年前當哈佛大學開始開授這門課，立刻受到學生的歡迎；四年多來，已經有一千多個學生修了這門課。可見今日的年輕人很願意用科學的方法，努力地去尋找快樂。筆者相信國內的讀者也會樂於知道有關正向心理學的資訊。

CHAPTER 1

緒論——
人生追求的極致

本章目標

本章從東西方的理論探討有關快樂的定義。

閱讀本章後，讀者可以：

1.了解快樂的定義。

2.比較東西方對快樂的不同觀點。

3.尋思如何達到自己的快樂途徑。

4.反應個人的文化觀及對快樂的感受。

人靠什麼而活？要成為什麼樣的人？完全聽天由命嗎？如何因應他人的要求？人生最大的樂趣是什麼？如何使自己快樂和自在？以上的問題你都能回答嗎？這些問題可能無法找到一個人人都感到滿意的答案，但是筆者相信，世上每一個人都希望過快樂的生活。快樂不只影響我們的人生態度和思維，也幫助我們學習新事物。在1980和1990年代，一個在澳洲對青少年所做，歷時十五年的研究指出，在這些青少年中，他們的自我報告是自認為快樂的人，等他們成為成年人的時候，他們的就業機會較多，而且有較高的收入（Marks & Fleming, 1999）。這表示，追求快樂意味著追求更好的生活。所以讓我們想一想我們過去的作風、現在的想法，以及未來可以努力的方式，並參考一下東西方學者的看法，進而使自己達到自在和滿足。

第 一 節
快樂是一種權利

美國立國的時間只有二百多年。這個年輕的國家除了強調自由和平等，在他們的獨立宣言裡，特別提出了國民有追求快樂的自由。雖然人人都有權力追求快樂，但是為了享受這種自由，意味著每一個人都有自由發表言論，人人都要遵守憲法，以使每一個人在法律之前得到合法和合理的對待。為了獲得自由、享受快樂，每一個人先要「痛苦」地容忍不同的聲音和意見；因此，為了得到快樂的自由，必須先付出代價。人們不免要問：什麼是快樂？誰是快樂的人？如何去尋求快樂？這些問題的答案見人見智，且讓我們來聽聽古今中外的學者和哲人的看法。

一、「快樂」是什麼？

在人類歷史上，探討快樂的哲學家、文學家和社會學家等，真是不可勝數。西方希臘羅馬時期的哲學家，對於快樂有許多不同的詮釋，其中有一派思想家認為，人是否快樂取決於生理性，如赫拉克利特（Heraclitus, 540-480 BC）就主張，人們感情的起伏（快樂／悲傷），是由於體溫（熱／冷）和出汗（濕／乾）來決定；這一派的理論如果應用在沒有工作負擔、不必盡家庭責任的嬰孩上，似乎相當貼切，因為他們的基本需求常常以簡單的方法去傳達，而這些生理性的反應往往使照顧他們的成人，得以了解他們的感覺狀況，給予他們所需要的，因此是他們生存必要的指標。

而另外一派的看法則認為，快樂是由心理和生理的平衡所造成，如德謨克利特（Democritus, 460-370 BC）就認為，一旦心理的感覺和生理的需要相互配合時，人們就會感到快樂。到了蘇格拉底（Socrates, 470-399 BC）時，他主張快樂除了要身心的平衡以外，還要加上過道德的生活；所以快樂是由愉快、有用的人、遵行與展現美德所造成。

蘇格拉底的門徒柏拉圖（Plato, 427-347 BC）更進一步指出，由於魂與體的互相影響和牽動，造成人們的快樂和痛苦。而亞里斯多德（Aristotle, 384-322 BC）則認為，快樂就是真誠地對待內在的自我；換句話說，真正的快樂是辨識自己的美德，培植它們，然後根據這些美德而過活。他的主張承繼了蘇格拉底的看法，並且強調美德的培養。許多早期的西方思想家所詮釋的快樂，並不等於外來的名、利或物質。美國立國時期，撰寫獨立宣言的傑弗遜（Thomas Jefferson, 1743-1826）就很簡要地說：「人生的目標是快樂，但是

美德是快樂的基礎。所以沒有美德的思想和行動，活在良心的譴責下，就無法得到真正的快樂了。」

近代學者 Myers（2000）認為，世界上有很多事可以使人們感到快樂，最重要的是文化，尤其是一個能充分給予政治自由和充裕物質的文化。此種論調似乎又反應出歐美民主制度較先進，以及物質條件較豐富的社會現象。Myers 的研究指出，一旦人們有了基本的生活必需品後，似乎收入的多少就不影響人們的快樂與否；相反的，有意義的人際關係，如和諧的婚姻關係，可以帶給人快樂。當然，使婚姻和諧的因素有很多，但是從與一個人有親密關係、使彼此得到信賴，就可以獲得正向的感情。

人格的特質也影響人們的情緒。有一些人似乎生而樂天，總想「天榻下來有長人擋著」；有一些人卻是生性嚴肅而容易緊張、杞人憂天，終日惶惶惑惑。就像是「虎的斑紋，人的性格」，凡事過於認真的人，常常嚴以對己、苛責於人，他們就較不能輕鬆地享受眼前和身邊的快樂。這種人格的差異，在任何文化中都可能存在。

從以上對快樂的定義來看，如果說西方學者們強調生理上的反應，對環境的認同和對自我處境的認知，那麼，東方的思想家所界定的快樂，就較趨向於人際的互動，是相關性的，而不是全由個人認定。孔子說：「有朋自遠方來，不亦樂乎？學而時習之，不亦悅乎？人不知而不慍，不亦君子乎？」（論語‧學而）。孟子說：「父母俱存、兄弟無故，一樂也」（孟子‧盡心）。個人的快樂常常建立在親人和朋友的平安和互動。老莊一派的學者極少談論任何形式的快樂，莊子說一般人所感到快樂的事，無非是「身安厚味美服好色音聲」（莊子‧至樂），得不到這些就「以憂，以懼」。也就是說，一般人要滿足口慾、眼目的情慾、生理的舒適，如果得不

到這些，就會感到憂慮和愁苦，莊子認為這是愚昧的人。老莊一派的思想家強調淡泊、無為，順應自然，所以「該來的擋不掉」、「該走的留不住」。修行的根本為「正則靜，靜則明，明則虛，虛則無為而無不為也」（莊子‧庚桑楚），所以當一個人內心平正就能安靜，內心安靜就能明澈，內心明澈就能達到空明的境界，一旦達到空明的境界就能順應自然，而沒有什麼不能成就的，這就是人生的快樂之道。所以這種快樂不必依賴外來的因素，個人的平靜安適與自然合一，就可以達到快樂。

歐美白人種族的學者通常都會強調，快樂是一種選擇：人人有自由去追求快樂。每一個人一天都有二十四個小時，你可以選擇高高興興過一天，或者是愁眉苦臉過二十四小時。這種論調反應了歐美白人的操控和獨立自我的觀感。這種看法可以從美國學者 Peterson（2006）將快樂分為下列幾類得知：

1. **快樂主義，或叫做喜多派（Hedonism）**：亦即個人經驗中的愉悅感覺。所以快樂的人生就是愉快的感覺極多，而痛苦的感覺極少。這種論調往往藉由個人陳述目前、現在、今天所感受的情緒，而不必去沉思反省（Bentham, 1781）。今日一般人所說的「樂活」比較近於此派，簡單地說，就是吃喝玩樂。

2. **慾望論（Desire Theories）**：這類的快樂是取決於得到你所想要的。因此要想知道個人是否快樂，就得根據他個人的慾望是否被滿足（Nussbaum, 1996）。

3. **標列論（Objective List Theories）**：這派理論認為，世上的確會因有價值的事而得到快樂，就是能完成或得到一些目標，如免於病痛、物質的優渥、事業、友誼、孩子、教育、

知識……等。一個人完成或擁有愈多上述的目標，就會覺得愈快樂。Hurka（1993）所發展的完美主義（Perfectionism）可代表此派的主張。

不管以上哪一個理論，大概都無法斬釘截鐵地被公認對於快樂做了最完美的解釋。一個人在「醉鄉路穩宜頻到」的時候，可以說擁有愉快的經驗，得到他／她所想要得到的。但是對他們的親人來說，是不是有同樣的感受？沉醉終日是否又是他們的人生目標？我想讀者的答案應該是否定的。

為了解個人是否快樂？一般都是依循個人的自我報告，學者通常用「生活的滿意度」來探究個人是否快樂。也就是說，對生活的滿意度愈高，個人就愈能感受到快樂。

一起來練習

請你對下列的陳述給自己一個分數，從 5 ＝極同意，到 1 ＝極不同意。

1. 與昨天相比，我和父母（孩子）相處得愉快 … 5　4　3　2　1
2. 我想今年我會得到加薪的機會 ………… 5　4　3　2　1
3. 我很滿意我目前的身體狀況 …………… 5　4　3　2　1
4. 我對我目前的生活狀況很滿意 ………… 5　4　3　2　1
5. 我想要得到的，我幾乎都擁有了 ……… 5　4　3　2　1
6. 我不想改變我目前的任何生活方式 …… 5　4　3　2　1

你對生活的滿意度如下：20～25 滿意；15～19 稍滿意；10～14 不太滿意；5～9 極不滿意。

　　自我報告有時會因為個人差異或文化的差異，而有不同的詮釋。雖然有同樣的分數，卻不一定代表他們的生活品質相同。東方人通常不喜歡太極端，因此經常選擇不偏不倚的選項，可能因為我們的教養中常有「出鋒頭就要觸霉頭」的說法；而日本人也有「突出的釘子就會被鐵鎚敲下去」的教訓。但你不妨拋開這種顧慮，認真地思索上面那些陳述。

　　你誠實地回答了以上的問題了嗎？

二、誰是快樂的人？

　　近代的美國學者如羅傑斯（Carl Rogers, 1902-1987）認為，一個能完全運作的人是快樂的人；也就是指，個人能夠照顧自己、貢獻社會，才會感到快樂。馬斯洛（Abraham Maslow, 1908-1970）所提的自我實現，意即個人能完成造就個人和社會的福祉。以馬斯洛的看法，如耶穌基督犧牲自己的生命以救贖世人，印度的甘地為印度的自由獨立而絕食，這種為大我而犧牲小我，就是自我的實現。Deci 和 Ryan（2000）提到的自我抉擇，也就是指個人有自由的意志，能選擇自己的生活方式。以上這些看法都被認為是快樂的根本，綜合他們的主張，可以說如果個人能夠運用自己的意志，達到幫助自己和社會，就會得到快樂。今日的美國社會，一般人都可以接受和了解，「快樂人」的定義應該是「成為你想變成的人」，或是「造成影響的人」。所以尋求並完成目標的人，可能比一般人活得較快樂和滿足。因此我們可以說，美國的學者認為要成為快樂的人，必須由個人預做準備，社會給予機會，加以培植，加上個人的努力才有可能。這個過程需要有對自己和對環境的認知。

　　當然也有其他學者不完全同意上述的主張。2003 年諾貝爾和平

獎的得主 Shirin Ebadi（1947-）就聲稱，使人們快樂的方式，光靠理論是不夠的，我們必須用我們的心去體會人們的問題。當社會上的人都能尋思世人共同的問題，以同理心和同情心，一起來解決共同的問題，如此一來就有很多人因可以得到關懷而感到快樂。正向心理學除了用科學的評量，去量化個人生活的滿意度，也藉著反思內省，用心靈去誠實地面對自己、接受自己，並尊重自己，希望如此能使人人都是快樂的人。

研究顯示，人在衣食和安全的基本需求滿足了以後，個人與家庭的收入和快樂與否似乎沒有太多關係。有個童話故事說到：有一位 Midas 國王，他很愛黃金，因此祈求天使讓他能夠點石成金。剛開始，具有這神力的 Midas 國王好快樂，他所碰觸的每一件東西都變成亮閃閃的黃金。但是，當他餓了想吃東西時，食物就變成了黃金；渴了想喝水，水也變成了黃金。請問，這個 Midas 國王還感到快樂嗎？

根據兩個長程和實驗的研究，學者 Lybomirsky、King 和 Diener（2005）綜合他們的研究資料，他們的結論是：快樂的人在生命和生活的過程中，顯示了下列成功和滿意的人生經驗：

1. **婚姻**：快樂的人通常能維持較長久和較成功的婚姻關係。
2. **友誼**：快樂的人通常能有親近的朋友。
3. **受僱用**：快樂的人在就業上和工作上較易於被任用。
4. **收入**：快樂的人升遷的機會較多，收入也較高。
5. **工作表現**：快樂的人工作踏實，也較容易表現出成果。
6. **心理健康**：快樂的人心理平安滿足，因此心理較平和。
7. **情緒健康**：快樂的人懂得抒發感情，情緒比較健康。

在你目前的生活情境中，請想想看在上列各項中，你有哪些方面可以算是一個快樂的人。

一起來練習 ----------

請你寫下以上各項中，有哪一些項目你感到滿意和快樂？請你和一個同儕分享。

三、如何尋求快樂？

儘管美國社會非常重視個人的快樂，有關快樂的研究也很多，但是很多學者似乎懷疑，人們是否可以使用方法而使人變得快樂。有些研究者認為：某些基因決定人快樂與否，因此沒有太大可能可以用方法來使人變得快樂。Lykken 和 Tellegen（1996）就聲稱：試著使人變成快樂，就像試著使人變高，是沒有效果的。哈佛學者Gilbert（2005）甚至認為：你只能「撞進」快樂，並不能創造快樂。

當然也有學者認為：快樂與生理毫無關係。要得到快樂必須靠發生在個人的特定事件和所從事的活動去達成。Lybomirsky、Sheldon和Schkade（2005）等三位學者發展了一個決定快樂的方程式：

快樂＝人生的某段時間＋生命中的特殊事件＋有趣的活動

舉例言之：一個三十歲的人（某段時間），在慶祝三十歲的生日時（特定事件），全家大小到一個他們嚮往的地方去渡假（從事的活動），一家人都開心，這一個人也得到了快樂。

又如一位研究生拿到了碩士學位，同時又得到了一個兒子，畢業的時候，全家參加了他的畢業典禮，他興高采烈，笑容滿面（見圖 1-1）。

❖ 圖 1-1　畢業又得子的研究生

　　換言之，你可以用不同的事件和思考來套用這個方程式；總之，你有選擇的意志來安排和決定快樂與否。

一起來練習

　　現在請你試著想一想你生命中的一些特殊事件，例如：進入大學、得到博士學位、第一次拿第一名、第一次約會……等，發生在何時？你做了什麼事去慶祝？

　　歷史上所記載的古人，其尋求快樂的方法和途徑可以說是五花八門。唐朝詩人李白可說是很懂得快樂的人，除了在得寵時一呼百諾，毫不吝惜財物；在金錢不是很寬裕的時候，還可以「五花馬，

千金裘，呼兒將出換美酒」，甚至在老年漂泊的時候，還可以「縱酒狂歌空度日，飛揚跋扈為誰雄」。他的無所羈絆、隨意而安，應該是他得以瀟灑自如的主因。莊子一輩子都貧乏窮困，卻寧可像在污泥中的烏龜，拖著尾巴慢慢爬行，而不願意變成死龜甲，放在殿堂上任人擺布。他的豁達，不願意讓世俗的繁文縟節綑綁，是他選擇快樂的生活方式。

　　我們大半都聽過「生年不滿百，常懷千歲憂」。事實上，人如果選擇過簡單的生活，減少慾望時，往往較少計較心、比較心，一旦心中坦然自在，就有了快樂。練氣功或瑜珈時，教師一再提醒在場的學習者「觀內在」、「放輕鬆」。當人們能夠靜觀內在，放棄掙扎，全神貫注在靜與定，人世間的紛競和雜音就不會干擾他們的思維。聖經上說：「在安靜和平穩時更有力量。」又如，當有人問佛祖：「什麼是佛？」佛祖的回答是：「無憂是佛。」原來想要快樂似神仙，是那麼簡單！所以要活得快樂自在，先從靜空心思意念開始。禪學中有所謂「通明禪」，用來觀照呼吸，使身心明利，內心平靜，讓我們一起來練習。

一起來練習

1. 放鬆身心，用力吐盡煩悶。
2. 靜觀身體、呼吸、心靈，專注在自己的身心。
3. 靜觀呼吸——來去無所積聚的虛幻性，讓雜念遠離。
4. 靜觀心念——倏起倏滅，沒有實在性，放棄掙扎。
5. 以行動幫助他人遠離煩亂紛爭。

第二節
誰來界定你的成就

　　亞洲人多半經歷過天災人禍，見識了許多生命的無常，也較傾向於實用主義，對人對事的評價經常偏向於「有用論」。父母親愛孩子，把辛勤賺來的錢供應孩子上最好的學校，參加課後的輔導，希望孩子「有出息」；一旦孩子選擇組樂隊，或參加舞團，大概都會傷了父母親的心，因為他們認為這些根本不算是專業，都是「無用」的。我們相信很多人的才藝和夢想，都是如此地被埋沒了。筆者知道有一位很優秀的女研究生，眼看就要拿到電機碩士的學位，她卻跑到好萊塢去學髮型設計。她的父母知道這個消息，氣得要撞牆，因為他們認為髮型設計不是「有用」的行業，是沒有出息的。一般人很容易用主觀的看法去斷定什麼是有用的，什麼是沒用的。筆者大學剛畢業時，正逢出國潮，班上同學家庭環境只要過得去的，都成了「有用」的留學生；而這些同學在國外也能找到工作，成家立業。但是美國社會競爭劇烈，碰到公司轉賣、倒閉，遭到解僱時有所聞。於是重新學習新的專業，轉換跑道，又成了職場新人。反觀留在國內的同學，踏踏實實地守在工作崗位，升官晉級，又能享受天倫之樂。讀者可以自行決定誰是有用的人。

　　儘管人們對成就有不同的體會，看到別人有了成就，有些人也許會說那是一個幸運的人；而美國政治家傑弗遜卻幽默地說：「我深信幸運，而且我工作愈勤奮，我就愈幸運。」發明大王愛迪生也認為，沒有任何條件能取代辛勤的工作。1980 年代美國很多教育家和學者，研究和比較美國和日本的教育和學生的學習成效；他們的

研究報告指出，日本的教師和學生都負起教與學的責任，如果學生的學業表現不夠理想，或是教師認為學生可以有更好的學業成績，他們的反應幾乎是一致的，那就是：「我要更努力一些。」可見熱忱和努力是成功者的秘密武器。美國社會也重視和強調這個達到成就的武器。

　　所以，什麼是成就？如何算是有成就的人？這些問題可能有許多不同的答案。美國心理學家 Robert Sternberg 以他個人的人生經驗，發展出「成功的智力」（Successful Intelligence），由個人因時、因地，以及他所處的環境來決定自己的成就，所以個人的有用與否，不待他人來評斷。詳情陳述於本書第六章第二節。

第三節
不同的文化觀影響對人生的態度

　　正向心理學本來就不是西方文化的特產品。2002 年的正向心理學高層會議在華盛頓召開時，與會學者們的共識包括，從世界上其他國家的學者們去學習什麼是「好的生活」；因此正向心理學並不是一門創新的社會科學。推廣和研究正向心理學可以用來幫助今日社會中「盲祿」或「忙碌」的現代人，使他們重新找到人生的意義，使人們的生命更值得慶賀（Celebrate）和珍惜（Treasure）。

　　1776 年，美國政治家和哲學家傑弗遜尋思和歸納美國和歐洲的生活題材，提出了追尋快樂是個人生命的一種自我證據，也就是說，尋求快樂不必等待研究或鼓吹，因為這是人類的天性。儘管如此，傑弗遜也承認，在人的一生中，仍然會有很多不幸的事降臨在我們身上。

在一般人的看法中，歐美的文化是當人們有錢、有權，或有名的時候才會有快樂。所以年輕人希望成為影星、歌星；而中、老年人想中頭彩，很多工人每個星期集資買樂透。在許多人的夢中，這是一個盼望、一個憧憬、一個夢想，在等待中期望快樂的到來；同一個情況下，也累積了壓力，我們往往藉由消除壓力來增加快樂，所以在歐美社會中，精神科醫生和諮商師都是流行的行業。

美國社會受到基督教新教義（Protestant）的影響，多年來他們重視的價值是努力工作、住在乾淨的房子裡、儲蓄、獨立自主，和享有隱私。多數美國白人認為，個人的十字架要自己扛，心裡有疑慮掙扎的時候，有經濟能力或有保險的人就可能會找專家諮商，但卻有更多人以酒或藥物麻痺自己。無法負擔醫療費用的人，有的就有了精神病，甚至走上自殺的路。在這種文化中成長和生活的人，通常會感受到孤獨，感情常受到壓抑，所以不快樂的人比比皆是。最近丹麥一位教授對不同社會所做的研究報告指出，丹麥人較容易滿足，對生活有合理的期望，雖然得付百分之五十的稅金，但是上學、就醫、老年看護都由國家給付，沒有太多債務的壓力；而孩子出生後，國家付錢讓這個孩子的父親在家幫忙照顧六個月，所以丹麥人是最快樂的人。報告指出，美國夢意味著「愈多愈好」（the more the better），這通常指的是物質的豐裕。然而擁有房子、金錢的美國人，有許多人並不一定快樂。就像有錢買好床卻買不到好的睡眠，有錢買有游泳池的大廈，卻沒有時間享受游泳的樂趣，也比比皆是（如 60 Minutes 節目, June 15, 2008）。從該節目的訪談中，許多人認為，與親人和朋友的關係良好，比有錢更重要。近年來在全球化的影響下，愈來愈多的美國人在見識了國際間的矛盾衝突之後，轉而尋求東方的智慧，用以了解不同的價值觀，以追求更好的

生活品質。科學家史金納（B. F. Skinner, 1904-1990）就告誡西方人要看重其他民族的生活品質，他聲稱東方的思想讓人們去掉煩惱、珍惜快樂。美國這些年來練瑜珈和學禪的風氣非常盛行，尋求用針灸或草藥的整體性治療法的人與日俱增，不全是頭痛醫頭、腳痛醫腳了。

　　很多心理學的學者了解，與其批判哪一種文化較好或是較不好，不如用開放的態度和反思的方法來檢視正向心理學。因為文化的變化比物種的演化速度更快，觀察和學習不同的文化是值得鼓勵的。所以歐美有很多的學者，很早就對古老的文明和古人的生活態度很感興趣。在亞洲方面最常被翻譯和探討的理論和思想，包含佛學、儒學和老子及莊子的學說；幾乎所有大規模的書店，如Barnes & Noble，都有許多這類的書籍。對歐美的白人而言，如果他們能了解東方的集體性文化，能自在地與親屬交心，相信他們會更常感受到正向的情緒，如此當可減少許多心因性的疾病，增加一些較健康快樂的人。

　　學者 Watts（1961）研究心理諮商，他的結論是：不管東方的哲學或是西方的心理治療，目的都是在幫忙個人克服孤獨、不實際的自我。很多移民到美國不久之後，就會感受到獨立自主的背後，也有孤獨無助的體驗。宗教信仰幫助這些人開啟心胸，放下心中的負荷，得到正向的情緒。雖然東方和西方人在各種不同的職場，運用不同的語言和文字，但是在日常生活中所面臨的挑戰卻是大同小異。下面的情況，我們偶而會碰上，讓我們從下面的敘述來檢視一下自己。

一起來練習

照著一面鏡子，請你指出下面哪一些足以描述你：

1. 容光煥發。

2. 今天工作很順利。

3. 與人和諧相處。

4. 剛看了一本好書。

5. 剛領到一筆獎金。

6. 倒霉，被開了交通違規罰單。

7. 房東催租，薪水還要三天才發。

8. 今天穿的衣服特別襯出我的好臉色。

9. 爺爺不疼我，奶奶也不愛我。

10. 什麼怪天氣，約會泡湯了。

看看你所選擇的項目，想想看今天你的心情是：

A. 大晴天：天氣晴朗，大地一片光明。

B. 晴天有雲：陽光時隱時現，但是總有撥雲見日的時候。

C. 陰雨天：滿天陰霾，何時見藍天？

D. 狂風巨浪：驚心動魄，如何操穩方向盤？

你想感受正向的心態嗎？你希望如何去改變？

CHAPTER 2

從其他學術界的理論看正向的人生

本章目標

本章敘述在正向心理學成為一門專業前,其他心理學界有關「愉悅的人生」之研究和理論,以及宗教信仰的人生教導。

閱讀本章後,讀者可以:

1. 了解社會心理學有關快樂的理論和研究。
2. 了解行為心理學有關快樂的理論和研究。
3. 了解認知心理學有關快樂的理論和研究。
4. 了解人本心理學有關快樂的理論和研究。
5. 了解宗教信仰如何引導喜樂的人生。

正向心理學雖然是二十世紀的新名詞，但是心理學和宗教的教導中，卻早已存在有關健康正向的感情、快樂和喜悅的研究和理論。這些理論和教導，探討人們在不同的學術理論和主張裡，尋求得到快樂和喜悅的經驗，享受健康的人生。本章將探討社會心理學的生活品質、行為心理學的制約、認知心理學對感情的知覺，以及人本心理學對快樂、自我完成和自我實現的主張。宗教界如基督教、佛教和伊斯蘭教，是如何引導人生平靜安寧，也將在本章內簡要地探討。

第一節
從社會心理學的理論看正向的人生

社會心理學家在 1960 年代開始，做了許多關於快樂的科學研究。他們認為，快樂是一項社會系統表現的主要指標，也是正向心理和健康的指示。人們追求愉悅和避免痛苦的動機和行為，通常被叫做「喜多原則」（Hedonic Principle）（Higgins, 1997）。雖然這個原則不被實證研究者所重視，然而這個原則卻是社會心理學的著重要項。社會心理學家應用這個原則做為探討情意、認知和行為的基礎（Elliot & Thrash, 2002）。一般人們動機的強烈或低落的程度往往影響他們對社會環境的關懷和敏感度。例如近年來全球暖化的議題，在很多專家和政治人物〔例如：前美國副總統高爾（Al Gore），因為呼籲世人對全球暖化的警醒而得到了諾貝爾獎〕的大力宣導下，引起了世界上很多國家的重視，並且積極地參與和推動減緩全球暖化的措施；如日本的大阪市，光是資源回收就分成了十二類，而市民也大力配合。然而，對貧窮落後的國家和社會而言，

飢荒和疾病才是他們所關懷和敏感的問題。他們對全球暖化的關懷和推展行動的動機，就不可能太高。當人們對於他們想要得到答案和尋求解決的問題，得到滿意的結果之時，他們多半會感受到正向的感覺；相反的，當他們關注的事項得不到滿意的答案，通常就會有負向的感受。

　　當人們做選擇或決定的時候，傾向於從不同的選項中擇取他們能夠得到正向的經驗或利益的事。事實上，人們做決定是根據他們是否能夠得到最大愉悅之原則，這個原則可說由來已久。無論任何膚色的人種，或是年齡的老幼，當他們準備有所行動時，多半經歷喜多原則的計算過程。計算的內容包括快樂的強烈度、維持期、確定性、時間和場所的關係（快樂和痛苦中的距離）、後繼性（快樂過了，是否有更多快樂；痛苦過了，是否有更多痛苦），以及多少人會受到影響。在經過這些項目的計算後，人們通常會選擇帶來快樂的行動。當然個人的年紀和成熟度也會影響這個計算的複雜性和速度。較成熟的人是「謀定而後動」，所以「兩害相權取其輕」，或是趨利避害，就是經過了計算的過程後所做的決定。人們常常在經歷這個計算過程，只是有很多時候變成了習慣，自己並沒有察覺此計算的過程。我們可以拿休閒娛樂當例子，有些在別人眼中看起來很堅強的人，選擇去看一場悲劇，在淚眼婆娑中，「借他人杯酒，澆自己心中塊壘」，從流淚中釋放心中壓力，消除胸中的鬱悶，也得到耳目的娛樂。又如男女交往後，發現彼此不合適（確定性），當初的興奮期待（強烈度）已不再，於是顧慮到也許日後會有更多痛苦的日子（後繼性），確定這段感情不應該再繼續（維持期），所以揮劍斬情絲。相信不少人在感情路上經歷過這種過程，以短痛換取可能有更合適的未來對象。

計算的過程自然影響了我們情緒的正向或負向，有很多時候就是在同樣的情況下，因為我們有不同的心緒，就帶給我們不同的感受。例如下雨的日子，可能會影響我們出外、無法做戶外的運動、延緩車子的速度；但是如果是不必上班或是上學的下雨天，正好可以讓我們睡晚一點，整理家務，完成平日沒有時間做的事，甚至為自己燒一、二道愛吃的菜餚，帶給自己和家人快樂的感覺。

人們追求快樂和避免痛苦，往往和人格有關係。有強烈責任感的人，往往事事考量實際，為了防範可能發生不幸的事，時時緊張、事事經心、樣樣認真。這種人的精神常常處在緊繃的狀態，終日惶惶，讓周遭的人也不得輕鬆。筆者記得前一陣子的流行話：認真的男人很無趣，認真的女人很可怕；應該是與他們的人格有關係。筆者認為，認真的人為了追求日後的快樂和福祉，他們情願先接受眼前痛苦的考驗和心力的磨鍊。當然如果他們能夠固定撥時間與家人溝通，或者享受共同進餐，可以得到家人的諒解和支持，也可以成為孩子的典範，家人間便會有正向而和諧的氣氛。

另一位社會認知學家班度拉（Bandura, 1997）指出，自信心讓個人能用自己的能力、運用需要的資源，以便成功地完成在特定的情境中應該達成的工作，而得到正向的經驗。班度拉的理論廣泛地被使用在教育界，很多研究指出，具有自信心的教師，通常較能掌控教室管理，並且對工作較有成就和滿意感。有自信心的學生能操控自己的時間和努力，在學業的表現上也比較出色，學習的效率和滿足感因而提昇。

社會心理學家相信人們行事的動機是為了保持和促進自尊，並且證明自己是值得被讚美的。一個有自尊、自信，而且得到肯定和讚美的人，自然是有正向感覺的人。

一起來練習

請舉一個例子，分享你曾經做過什麼事去保持和促進自尊，例如：自願設計和安排一個美術展覽、音樂會、小型博覽會……等，並因此得到許多肯定。

第二節
從行為心理學的理論看正向的人生

行為學派的理論常常將生命看做是一場又一場的「發現」。當人們第一次發現自己的聲音、邁開人生的第一步、嘗試第一種水果、第一次能自己站起來，都會帶給人們發現的喜悅。尤其是在發現新的經驗，又得到父母或是照顧者的鼓勵之後，一個新的發現，又刺激了另一個新的發現，生命因為累積了許多新的發現後，更加開展，因而改變了行為和對環境的認定。當然伴隨著發現的喜悅，也偶而有意外的痛楚，例如：摸到了熨斗，或是跌倒了、磨破了手或腳的皮，嚐到了疼痛，又發現了新的刺激和經驗。

主張環境影響行為的學者，例如華生（John B. Watson, 1878-1958）認為，發現和學習的過程和結果同樣重要。根據他的看法，快樂並不是爬到最高峰的頂端，也不是毫無目標地閒晃，快樂是爬往最高峰的經驗。所以當心有所嚮往，眼朝著目標時，這樣的經歷就是快樂。美國的俗諺說：「可以看到隧道尾端的亮光」，

就是這種期盼和充滿希望的寫照。

另一位制約行為學的大師史金納，在探討今日的歐美人士不快樂的原因時指出，當人們受到鼓舞和獎勵的時候，會感到快樂。他認為得到快樂的感覺和被強化的行為是物種演化的結果，這也是物種生存的必要條件。例如：當人們第一次在無意中發現如何升火，因為有了火得以取暖，趕走野獸，進而發現和品嚐到了熟食的滋味。這個升火的行為就被獎勵強化了，而且成為生存的行為。

史金納從制約行為觀察西方人，他認為西方的文化過度依賴金錢和物質，他們忽略了自然界所能提供的天然強化的因素，於是人們淪於物質的奴隸，人與自然就產生了疏離。例如：在電視還沒有發明以前，人們在一天的辛勤工作後，一杯香茗，對著清風明月，享受自然所賦與的安詳和寧靜，人與自然融為一體。今日很多美國的青年在十六歲以後就可以經考試得到駕駛執照，開車上路。很多青年人為了付車子的保險和油費，下課後和週末就必須打工，也把原來可以走路，接近自然和鍛鍊的時間和機會放棄了，甚而成為車子的奴隸。另外一個最簡單的例子，今日城市裡的現代年輕人為了健康和保持身材，他們不是在家裡刷地板，或在戶內外做體力的勞動，而是在健身房用跑步機做運動。在有冷氣空調的空間鍛鍊身體，與自然就產生了疏離。

史金納更強調人們所以守法，是為了逃避被處罰，而不是因為宗教和道德的規範。人們尋求愉快的刺激，但是在聲色犬馬的享受過後，卻沒有能夠得到長久的快樂。所以執法的單位要宣導法令，並以賞罰去強化守法的行為。例如：加州在 2007 年通過法令，開車的時候不可以單手持手機講電話，只用另一隻手開車。經過一年的宣導，2008 年 7 月已經執行，違規的人就會被罰，以強化不要一

邊開車，一邊講電話的行為。在學校中，史金納建議教師要成為好的行為的典範，設計並執行良好的教室管理規則，並且用制約的方式去強化良好的行為，以鼓勵和保持良好的教室秩序。

　　哲學家盧梭（Jean-Jacques Rousseau, 1712-1778）就認為，人們生而自由，然而他們所到之處卻時時被鎖鍊捆綁。因為要過好的生活並不只是追求大量感官的愉快和刺激。心理分析學家佛洛伊德將快樂看做是短暫的感官經驗，是來自原始需要的解放。例如：吃吃喝喝以滿足口慾，以及從婚前和婚外情以釋放性慾，所以現代人為應付今日複雜多變的社會，是註定要長時間處於不快樂的狀況。佛洛伊德對人性表示極度的悲觀，他認為行為心理學的推展就是以刺激和反應，無情的、短暫的以處罰和獎賞來控制人的行為。而史金納卻認為，行為學派著重科學實證，因此提出以行為學的制約和強化，能夠幫助人們找到解決問題和得到長久的快樂。

　　行為心理學藉著制約和強化的設計，創造出能夠有利於管理和控制的情境。雖然也可以使在其中生活和學習的人得到正向的滿意感，卻經常依賴外來的鼓勵和獎賞，比較缺乏長久而持續性的快樂。

一起來練習

你剛剛被升任為組長，你的手下有好幾位資深的組員。你如何開創一個有利的工作環境，提高溝通和工作的效率？

第 三 節
從認知心理學的理論看正向的人生

認知心理學討論和研究知識和理論的價值。這個學派雖然可以上溯到希臘哲學，卻一直到第二次世界大戰後，由於人們接觸日益複雜的技能，加上電腦的發明和應用，認知心理學家注意到人們接受和表達訊息的過程，以及知覺對生活和學習所造成的影響。除此之外，加上工業化和全球化的衝擊，1970 和 1980 年代，認知心理學界做了許多有關人們如何接受和傳達訊息的研究。認知心理學家將腦部接受、傳達和反應訊息的過程，與電腦的構造和功能相比，更關注到為什麼人們會遺忘，還有創作力和解決問題等方面的研究。

認知心理學家並沒有去探討人們如何才能有快樂，但是在研究人們的知覺與腦如何接受、整理和反應外來刺激的過程中，人們的感情便受到影響，而形成個人的感覺，就足以使人產生喜、怒、哀、樂的情緒反應和知覺。

知覺（perception）是感官獲得訊息的過程。在拉丁文的意思是：頭腦接受、蒐集和了解。知覺包含兩個重要的種類：一個是被動的知覺，一個是活絡的知覺；而一般人所經歷的多半是被動的知覺，它的過程可以用下列的流程來顯示：

環繞的情景→接受感覺→頭腦整理→反應

舉例來說，夏日的黃昏，你散步在街道上，看到不遠處搭了很多個帳篷→接著你聽到樂團在演奏你所喜歡的樂曲→你在想到底是

什麼事？人家辦喜事嗎？公司的同樂會嗎？有沒有你所欣賞的歌星在那裡？→你決定加快腳步，看個究竟。

我們每天的生活中，幾乎時時在經歷這種過程。以上一個例子而言，你到了現場，發現是某一個公司在推銷產品，不但有你所喜歡的歌星，現場還有免費的贈品，於是你感到很愉快。所以認知心理學家研究快樂的知覺，是根據個人的主觀感情、自我評估和自我報告的生活品質。

認知心理學家在研究知覺這個題材時，有一些重要的理論，以下要討論兩個較普遍的理論：

1. **The James-Lang 理論**：這個理論是由 James 和 Lang 兩位認知心理學家所發表，所以以他們的姓氏為這個理論命名。這個理論說明從知覺到自己的身體改變所產生的感情經驗。例如：你在笑，所以你是快樂的；你很悲傷，因為你在哭泣。對很多人來說，看到了大蜘蛛就會尖叫，表示你受到了驚嚇。這個理論是根據生理的反應來說明知覺，問題是，我們並不清楚是什麼過程造成了我們身體的改變。這個過程的本身應該也是一種感情的反射，看到別人笑得開懷的時候，我們的嘴角自然地上提；聽到尖叫聲，眼光就搜尋叫聲的來源，這就是一種感情的反射。其他的研究顯示，就算是從頸部以下都癱瘓的人，雖然其他的感官沒有太多知覺，但是他們仍然可以經驗感情的反射。

2. **Two-Factor 理論**：這個理論是學者 Schacter 和 Singer 在 1962 年所發表，他們提出生理的反應還要加上認知，才可以構成知覺。他們的實驗是在病人身上注射腎上腺素（Adrenaline，在美國叫 Epinephrine），這個藥物會使病人血液加速、心跳

加快，但是這個藥並沒有造成病人感情的經歷。他們的研究結論是身體的改變可以支持感情的意識，但是不產生感情。他們的詮釋為，一個感情的產生必須根據個人的主觀認知，加上生理或是身體的變化。例如：在開會的時候，你心儀的對象開門進來，你察覺到你的口發乾、手心流汗。所以，有了主觀的感情認知，加上生理的反應，讓你知覺到你對對方的感受。

以上兩個理論都是以主觀的感覺，去體會自我的知覺。在日常生活中，這樣的知覺影響了我們待人處世的態度和對人的看法。複雜的知覺往往受到文化的影響。有一些文化不鼓勵個人占有太多財物或獨享盛名。例如：美國的印地安人，在他們的語言裡沒有「天才」一詞，他們的看法是如果個人有能力，應該用來服務大眾，而不是藉以出鋒頭。美國的印地安人對性別的感覺也很特殊，有一些族群對性別的看法是，除了有男性或女性，還有男人女性化，或是女人男性化。在這些族群中，可以看到男人自在的在頭上戴花，而女人可以參與打獵。

知覺往往不是單純地捕捉一個刺激。從外來的形影聲響中，已經用了過去的經驗，知道或是臆測將來的是什麼，讓我們準備或期待感情或行動。所以認知心理學家探討人們從感官接受外界的訊息，所造成的知覺，並產生主觀的喜、怒、哀、樂的感情。換句話說，思想影響感情，這些知覺在理性的分析後，以及文化的影響下，往往造成了個人或文化的價值觀和感情的表達。

一起來練習

如果有一天你醒來，你成為你所心儀的影星。請你描述你如何
過這第一天？你會經歷什麼事？你的心理感受如何？

第四節
從人本心理學的理論看正向的人生

　　人本心理學派是馬斯洛發展需求層次論後形成。他批判美國的
心理學界只是強烈地主張工作的重要性，做任何事情都需要有目
的。他在觀察美國的社會後提出，人們放鬆是為了使工作做得更
好；敬拜上帝，是為了提高道德；喝醉了，藉以忘掉煩惱。如果人
們做任何事沒有目的，他們就會有罪惡感。因此沒有任何心理學的
教科書或任何的章節，是談論嬉戲或是愉快、休閒或是冥想。他認
為美國的心理學界忙碌研究的，只是一半的人生，卻忽略了更重要
的另一半。所以馬斯洛以人為中心，探討人們在不同層次的不同需
求。

　　人本心理學派重要的學者包括馬斯洛和羅傑斯。他們的研究和
哲理是以人為中心，探討人類的需求和潛力。馬斯洛的需求層次論
將人類的需求以金字塔的架構，呈現人從最基本的生理和生存的需
求直到金字塔頂端的自我實現（Self-actualization）。馬斯洛聲稱要
達到自我實現，必須在人們滿足了如飲食、衣物、住宿以及安全感

的基本需要後，然後才能發展美感的欣賞和自我實現。所以是從外塑的動機，進而為內在的成長和關懷大眾。對人本心理學派來說，滿足需求使人得到生理和心靈的安寧，就是正向的感情。

羅傑斯發表的自我規範理論，也是以人為中心的哲學思想。這個理論認為，人們可以自我管理，不必依賴制約的調控。所以人本心理學是研究個人獨特的背景，和這個背景如何造就成他們目前的處境。人本心理學重視並接受個人，所以強調個人的獨特性和經驗，他們認為：檢視人們的經驗就是了解他們最好的辦法。因此要知道對方是否樂觀？容易與人相處？可以因為了解他們的成長背景，知道他們是否有快樂，和充滿被呵護的童年，而曉得他們的自信和信賴人的程度。通常在充滿愛和關懷的環境成長的人，也較容易給予關懷和分享快樂。

另外一位心理學的專家詹姆士（William James, 1842-1910）主張，生命中最需要關注的事就是快樂。他所關注的生命內涵包含：如何得到快樂？如何保持快樂？以及如何發現快樂？詹姆士認為，人們之所以願意忍受痛苦、付出勞力，就是為了想得到快樂。各位讀過和熟悉中國歷史上有名的人物故事，應該記得有那麼多人，忍受三更燈火五更雞，勤奮苦讀，為的就是「一朝成名天下知」的成果，使他們得以享受光耀門楣的快樂。筆者小的時候跟著家人看歌仔戲，戲中主角決定進京赴考，下一幕就是紅袍加身，榮歸鄉里。觀眾只看到別人的成就，似乎一蹴可幾，只看到結果，卻不了解過程。成長之後回來，最好的教育應該不只是給予結果，因為達到結果的過程，也許柳暗花明，也許峰迴路轉，也許高潮迭起，也許像搭雲霄飛車速起乍落，這樣的過程更值得關注。詹姆士主張人應該有堅強的思想，卻要有柔軟的心，尤其是身為教師和領導人。因為

思緒清楚可以做正確的判斷，而柔軟的心卻可以包容、給予和接受愛和關懷，如此就增加和製造了正向的人際關係。

因為人本心理學以人為本，促成了自我幫助的運動，在 1950 年代後，成千的書籍介紹人們如何幫助自己成為最好的全人。人本心理學著重在感情和直覺，使人了解自己和管理自己，他們的理論比較接近哲學思想，而正向心理學則加上了研究和實踐，使他們的理論可以被應用。

一起來練習

請你設計一個小手冊，幫助一個人克服不敢與異性交談的心理。

第五節
從宗教界的理論談平安、喜樂與寬恕

從歷史上來說，宗教可以說是使人們代代相傳，使後代在民主機構的體制下，了解主要的道德途徑。更重要的是宗教的教導，讓我們把我們的心力和智力集中在我們對彼此的義務。當我們將注意力放在他人的需要和問題的時候，會使我們免於過度的以自我為中心。所以世界上很多主要的宗教，如佛教、基督教、伊斯蘭教等，都教導門徒和信眾做慈善公益和佈施，將神的愛，擴展成對其他人類的大愛。許多研究指出，宗教能夠使人達到自我實現和服務眾

生，也幫助個人健康地發展。

宗教的教義並沒有叫人尋求生理的狂歡，卻是教導世人從心靈的皈依而得到安寧，這就是正向的感覺。下面簡要介紹基督教、佛教和伊斯蘭教對心靈和平和安寧的主張。

一、基督教的喜樂（Joy）說

宗教給予人們盼望。基督教徒的快樂通常基於接受基督的教導。今生的勞苦重擔、痛苦煎熬，從基督教徒的觀點來說，要信耶穌因而得永生，所以要舉目上望，不必為短暫的人生而愁煩。對基督教的宣導很有見地的聖奧古斯丁（St. Augustine, 354-430）就認為，因為人類的祖先亞當和夏娃在伊甸園犯了罪，因此人類在現世是無法得到永遠的快樂，唯有永生的盼望才能使人尋得平安。

聖經中談喜樂更多於快樂。希臘文的聖經中並沒有快樂一詞，在英文和合本的聖經中有二百多處提到喜樂。因為來自上帝的喜樂就是神賦與人的力量，也就是神的愛，指的是公義、和平。門徒約翰更強調這種喜樂是無人可以拿走的。到了新世界版本（New International Version）時，才有九節提到快樂的經文。例如：人生像是一口氣，沒有上帝就沒有快樂（約伯7：7）；如果能忠心服事主人，盡到看管財物的責任，就可以分享主人的快樂（傳道書2：26）。顯然人除了敬畏神，仍然有盡責任的要求，才能得到快樂。上帝也沒有遺忘夫妻間應該有的快樂。因為經文說：新婚的丈夫一年內不必上戰場，因為他要帶給新婚的妻子快樂（申命24：5）。

聖經中談到九種聖靈所結的果子：仁愛、喜樂、和平、忍耐、恩慈、良善、信實、溫柔，以及節制（加拉太5：22-23）。當門徒和世人都遵行並操練這九種美德，不嫉妒、不自私，人與人之間

互助相愛，自然形成健康和諧的社會，這就是一個具有正向感覺的社會。當喜樂的心成為良藥的時候，就有了健康的身心了。

二、佛教的開悟（Enlightenment）說

對佛教徒而言，今世的苦楚是來自前世的罪孽，所以今世要多行善事、累積功德，待魂歸西天，投生轉世後，會有更好的來生。因此有此宗教信仰的人，較容易暫忘現實的掙扎和痛苦，找到內心的平安和喜樂。相傳佛祖升天之前，受到邪惡的魔鬼 Mara 帶著群魔的攻擊。他們向佛祖發射了成千的箭，但是當這些箭接近佛祖的時候，都變成了花朵，靜靜地落到他的腳前。所以佛教的理論是，當心中有了解和熱誠，可以給予信徒化暴戾為祥和的權力，而和諧的感覺使人有了平安和快樂。

釋迦牟尼佛在菩提樹下修道的時候，集中注意力在十個美德：施捨、道範、克制、智慧、努力、耐心、真理、決志、大愛和鎮定。信眾有了這些美德，不貪求，沒有惡念，有了然智慧，生活中沒有雜念，安寧快樂的正向感自然而生。他在第一次講道的時候，就告誡和尚們，不要偏執，從開悟中得到和平和智慧。正因為佛家教誨信眾不要偏執，佛經中並沒有快樂的詞語。《金剛經》中以：「一切世間天、人、阿修羅，聞佛所說，皆大歡喜，信受奉行」做結。所以對佛教弟子而言，聽了佛法，得到智慧，在皆大歡喜後，信仰修行，就可以感受到正向的歡喜滿足。

有宗教信仰的人也比較能夠應付生活中的危機。信徒間的互相扶持和幫助，讓人與人之間有了社會性的互相聯繫，藉著代禱、聚會或誦經，分擔了彼此的重擔和痛苦。這種分擔就像是給予人們一個軟的墊子，當他們跌倒的時候，有了保護，不至於遭到萬劫不復

的損傷。俗諺說：「痛苦時的分擔，可使痛苦減半；分享快樂，則使快樂加倍。」因此印度早期的出家眾僧通常居住在一起，彼此扶持，並互相幫忙，可以使心智的成長受益。今日的出家眾僧也延續了這樣的傳承，只是更有機會走入人間，佈達教義。正向的行為像慈悲和佈施，可以練習大愛和慈祥，因此帶來歡喜的經驗，所以佛家期望信眾要養成這種行為。

心理學家強調積極地挑戰負面思考，並且以樂觀的想法去取代負面思考。佛家卻主張遠離任何思想，在「本來無一物」的情形下，「何處惹塵埃」，自然製造出一個靜寂的心態，從而得到自我了解和開悟。

三、伊斯蘭教的敬拜真主說

伊斯蘭教的教律原則和目標，是使人經過戒律，達到道德的成熟，讓他們在現世有和平和快樂，在下一世得到永恆的快樂。所以伊斯蘭教徒認為真正的快樂，是遵守和跟從真主（可蘭經 16：97）。在伊斯蘭教內，只要是門徒，不分男性或女性，做真主認為是對的事，真主會給予賞賜，他們就會過好的生活。伊斯蘭教徒每天向麥加的方向朝拜五次，因為：只有在紀念真主的時候，心裡才能得到安息（可蘭經 13：28）。筆者到過摩洛哥，在市集中有伊斯蘭教的教堂，敬拜時間一到，廣播中提醒信徒，於是有一些人到教堂敬禮，更多的人卻是就地攤開敬拜用的毯子，跪拜起來。筆者在想，很多有伊斯蘭教徒的地區，像摩洛哥和波斯，都出產品質很高的地毯，可能是與他們需要常常跪拜有關。

伊斯蘭教的教義認為，很多現代人掙扎地尋求快樂，其實是因為人們不清楚什麼是快樂，所以常常做了不智的選擇。伊斯蘭有一

個故事是有關於判斷和快樂的關係。這個故事是大師 Nasrudim 和一個學生的對話。敘述如下：

> 學生問：啊！偉大的 Nasrudim 聖者，我必須問你一個非
> 　　　　常重要的問題，這是一個我們都想知道的答案，
> 　　　　到底得到快樂的祕密是什麼？
> Nasrudim 想了一會兒，然後說：快樂的祕密在好的判斷力。
> 學生問：噢，如何才能有好的判斷力呢？
> Nasrudim 回答：從經驗而來。
> 學生問：是啊！但我們如何得到經驗呢？
> Nasrudim 回答：壞的判斷。

從以上對話，我們看到伊斯蘭教的教義了解到，人們從錯誤中累積經驗的教訓，等到能做好的判斷時，就能得到快樂。那麼對伊斯蘭教徒而言，什麼是好的判斷呢？伊斯蘭教告誡信徒追求財富名聲只是短暫的愉快，並不能持久。真正的富有是靈魂的飽足。可蘭經中說：事實上，只有緊記住神，心裡才能得到休適（可蘭經 13：28）。心裡和平安寧，才有快樂。正因為擁有財富不能得到長久的平安快樂，伊斯蘭的教義中也要信徒施捨行善。擁有的事物愈少，愈能夠全心追隨真主，得到快樂。

宗教信仰除了希望達到平安喜樂，也強調寬恕的必要性。寬恕意味著相信曾經傷害你的人，並願意給予對方機會去做正確的事。也讓雙方有機會去除掉心中的苦毒和怨恨，讓彼此可以自由地活下去。基督教的教導就明確地指出：完美的愛就是完全的寬恕。而佛教的空寂，教導信徒心地一塵不沾，所有的嗔怨自然不必存留。當

彼此都放棄心中的窒礙，天天都成為新生的人，自然是心地柔軟寬闊，人人都是好人，天天都是好日子了。

寬恕自然也有冒險的成分，因為行為常常形成習慣，而老習慣是最難改的，往往要雙方面互相溝通和包容，一方面誠懇地表達歉意，另一方面也要欣然接受。第一次世界大戰後，德國不但向法國道歉，而且同意幫法國重建。可惜法國擔心德國人把法國人的工作搶掉，拒絕了德國的幫忙，讓德國擁有更多的鋼鐵廠，成為第二次世界大戰時的本錢。

不能寬恕別人的人，經常心懷忿恨，這是消耗精力、體力最大的原因。尤其很多時候，被忿恨的人也許並不明白他們為什麼值得憎恨，或者事過境遷，這些人早就不在你的生活中，而你卻仍然讓憎恨啃蝕你的內心、消耗你的體力、枯乾你的骨頭，這不就是和自己過不去嗎？

有一個宗師曾經用下列的方法教導信眾去除忿恨：

有一天，宗師告訴一群固定來聚會的信眾，叫他們第二天帶一個塑膠袋，塑膠袋裡面裝著刻有他們最恨的人的名字的甘薯，恨幾個人就帶幾個。

第二天，每一個信眾都帶來了一個塑膠袋，裡面有刻了名字的甘薯，有的人有兩個，有的人有五個。宗師規定這些信眾走到哪裡都需要帶著這個塑膠袋，哪怕是上廁所、搭公車或是吃飯。

二天下來，信眾就開始抱怨，尤其是帶了四、五個甘薯的人。一星期到了尾聲，有的甘薯開始冒芽或是發臭，信眾抱怨得更凶。

　　一星期終於過了，他們可以不必再帶著那個塑膠袋去見宗師。宗師就問他們：帶著發臭沉重的甘薯一個星期就受不了，想想看，帶著仇恨的心過一輩子會如何？

　　這個例子告誡我們，要輕鬆自在走人生的路，就要放下心中的仇恨，讓了解和寬恕給予彼此新的機會去接受和給予愛，所以真正的寬恕，還要能完全的遺忘。你聽過有人說：「我原諒你，但是我不會忘記」（I forgive you but I will not forget it）。這樣的寬恕仍然給予彼此壓力，不能得到真正的自由。有很多佳偶變怨偶，在分分合合的過程中，大抵都因為彼此偶而翻舊帳、揭瘡疤，彼此都去除不了舊事新仇，自然無法自在快樂。所以只有在真正的放棄怨恨，用新的眼光和態度互相對待，就可以得到雙贏（win-win）的機會，使彼此感受到正向的感情。

CHAPTER 3

正向心理學
在美國的發展

本章目標

本章敘述正向心理學在美國發展成為一門專
業的過程。

閱讀本章後，讀者可以：

1.了解什麼是正向心理學。

2.思考為什麼需要正向心理學。

3.探討誰需要正向心理學。

　　在二十世紀的尾聲，一群美國的心理學家在研究、分享，以及探討心理學後，發現心理學家研究和服務的題材和對象，多半是不正常、不健康的心理。尤其在二十世紀的下半個世紀，心理學所面對的情況和案例，似乎不外於沮喪、暴力、族群歧視和仇恨、處理自我的了解和自尊。這一群美國的心理學家領會，心理學未能提供社會足夠的、有關人性的優點與美德的知識，使人們認為生命是值得珍惜的。他們因此企圖以科學的方法，認真地研究和推廣那些可以使人們覺得生活是有價值和尊嚴的事物。經由這些學者的努力和推動，正向心理學已成為一門專業，這門專業的目的讓我們正視我們每天所做所想，在務實中免於沉溺於惶惑和恐懼中。

　　生命中誠然充滿許多未知，但是在誠實和勇敢地面對自己時，試著認識自己和面對已有的（現實），想要得到的未來（理想、夢想），做類似沙盤推演，期能在務實中讓自己突破老思維（不可能的事）、改變老習慣（一向如此），使自己找尋策略，發揮潛能。也許在態度轉變的同時，對自己的人生能有峰迴路轉般的豁然開朗。更重要的是，父母和老師在教導撫育學生和孩子的過程中，能有公正合理的要求，減少「抓著怕捏死，放開怕飛掉」的疑慮。

　　正向心理學可以追溯到 1902 年，詹姆士提出運用「健康的心智」（Healthy mindedness）鼓勵人性的關懷。1958 年，馬斯洛發表的人本心理學，研究的是健康的人，從基本需求到學習和成長的需求，而最高的境界就是自我實現。到了 2000 年，Cowan研究分析孩童和青少年對付逆境與獲得的彈力和韌性。這些學者雖然沒有用正向心理學這個名詞，但是他們的研究卻是針對人們的可能性和光明面，可以說為正向心理學的研究和成為專業植下了有力的基礎。

　　正向心理學的課程發展甚為迅速。1998 年當 Martin Seligman

在美國心理學會（American Psychological Association, APA）的年會演說中，強調心理學應該轉向了解和塑立人們的長處，以取代治療損傷的心理後，這個演說引起了很多人的共鳴，造成了正向心理學的推動。1999 年，學者們在蓋洛普（Gallup）機構的贊助下，有六十位學者參與了蓋洛普的正向心理學機構。二年後這個學會成為世界性的組織，有四百多人參與，包含了來自二十八個國家的代表。

2000 年 1 月，Seligman 和 Csikszentmihalyi 共同為 *American Psychologist* 編輯了正向心理學的專刊。1990 年代，Randy Ernst 開始蒐集資料和開授小型的研討會，而大學部和研究所的課，則由當時的美國心理學會會長 Seligman 在賓州大學授課。日後 Seligman 開始認真地籌劃設計正向心理學的課程，並且在 2006 年於賓州大學開創了正向心理學的碩士研究所。

Seligman 的決心是基於他自己與女兒互動的經驗。這個過程是有一天下午，Seligman 在他們家的院子裡認真地除草，他的女兒小 Nikki 在旁邊幫忙，Nikki 又唱又跳，把除下來的草拋到天空。對於多數的父母親而言，這是極自然的行為，但是對於做任何事都嚴肅認真的 Seligman 來說，卻是一種干擾的舉動，所以他就對著 Nikki 大吼。Nikki 離開了幾分鐘後，又轉了回來。

Nikki 說：爸爸，我可以跟你說說話嗎？

Seligman 說：當然可以。

Nikki 說：爸爸，你記得我三歲的時候老是發牢騷，我幾乎每天都有發不完的牢騷。但是在我五歲的生日那一天起，我就決定不再發牢騷。對我來說，這是一件很難做的事。但是如果我可以不發牢騷，你也可以不那麼彆扭。

這個經驗，促使他從人生的體驗中警醒。他發現撫育孩子不全是糾正他們的行為，或者是彌補他們的弱點，而是在辨識和滋潤他們的長處，並且使這些長處能夠充分發揮。其次是從他任教和研究心理學的專業上，他發現心理學的研究和教學極少強調個人的長處，他認為這樣做是忽略了人們的另一半特色。

Seligman意圖使這門課著重在聽與說，所以課程中強調許多的參與。現在讓我們也練習一下，請放下你的紙和筆，和我一同來練習聽和說。

一起來練習

1. 告訴我們你人生際遇裡的一個事件，或是一個故事，讓你得以發揮或展現你的優點。例如：在公車上讓位給一個懷孕的婦女、幫助一位老人家過馬路等。你事後的感受如何？

2. 我們的社會似乎仍然認為「無聲勝有聲」比較美。深藏的愛意和感激通常不容易表達出口。然而生活在這個瞬息萬變的世界上，這些感情如果不及時表達出來，也許會成為一輩子的遺憾。請你現在寫一封感激的信，收信的對象可以是天天為你張羅衣食的父母親、認真教導你的老師，甚至是默默為你送信的郵差。

3. 你也可以寫一封道歉或給予饒恕的信。寬恕可以幫助我們去掉恨意，使我們免於被過去的不愉快所綑綁。但是給予寬恕也是相當困難的一件事。你可以寫一封寬恕的信給你過去的老闆、你的舊情人，或者是公車上偷了你錢包的扒手。想清楚後，誠心地寫下你的感想。例如：他們做了什麼事令你不

愉快，而你決心讓這種不愉快成為過去，你也願意接受對方的道歉等。你不妨先向對方道聲抱歉，告訴他／她，你為什麼寫這封信。因為你去信的對方也許並不知道他們在無意或無心中傷害了你。

第 一 節
什麼是正向心理學

正向心理學是一門研究，其目的在使個人、團體和機構能夠發展和具有高度功能的狀況和過程。正向心理學的發展雖然只有極短的歷史，但卻有極長久的過去。1998 年，當 Martin Seligman 擔任美國心理學會（American Psychological Association, APA）會長時，多位心理學家共同成立了正向心理學的學科，並且有以正向心理學為主題的論文發表會，編成專輯。這些學者探討古今中外的人類思想行為的發展過程，並期望以研究的發現引導社會人士，多花心力著眼於自己和他人健康且正向的一面。所以，雖然正向心理學看來是一門創新的專業，事實上卻可說是自有人類以來，就或多或少被關切和探討的題材。

西方的心理學家通常認為，正向心理學的概念是著名的人本心理學家馬斯洛所強調的創造力和自我實現（self-actualization）。他認為一般的心理學講的是低天花板的心理學（low-ceiling psychology），忙於對付病態心理；而他所強調的是健康和成長（health and growth），亦即高天花板的心理學（high-ceiling psychology）。

換句話說，把心理學的層次提高到正向健康的境界。馬斯洛的理論在 1950 年代後也成為教育界、企業界的主流學派，影響了教學和領導的理念和行事。

Peterson 等學者認為，正向心理學和人本心理學（Humanistic）可說是近親，所以不必爭論究竟哪一個理論對人們較有利。這兩個心理學最大的不同點在於，正向心理學著眼於人性的善與惡，而人本心理學則假設人性天生本善。其次是正向心理學強調用科學的方法去研究和評量，而人本心理學卻經常懷疑科學方法對於人生重要事項所能造就的影響力（見表 3-1）。因此正向心理學藉由科學的方法，與人談論個人生命中所介意和在乎的事，從而幫助個人看清自己，以開展個人的生命。

❖ 表 3-1　正向心理學和人本心理學的比較

項目	正向心理學	人本心理學
基本假設	人性有善有惡	人性本善
探討方法	科學法量化	個人陳述
主要學者	M. Seligman, C. Peterson	A. Maslow, C. Rogers
發展年代	2000s	1950s

身為 APA 會長的 Seligman 有鑒於第二次世界大戰後，所有的心理學家都忙著處理和面對病態心理；而由 APA 贊助出版的《病態心理的診斷和統計手冊》（*Diagnostic Statistical Manual of Mental Disorder, DSM*），即是敘述和評量病態的心理，並針對許多病態心理提供心理和藥物的治療。此手冊與一般的心理學家一樣，所著重的是「對方的心理出了什麼差錯」，對象都是病人。如此導引的心

理學，很容易將社會個人導入「對號入座」的自我憐憫和自我貶損。當時的心理學家和一般社會大眾卻往往忽略了許多健康正常的人，有權利追求和選擇過快樂的生活。

正向心理學不是只有正向的思考，它是一門科學。並非沒有疾病的人就具有正向的心理，因為健康是包含身、心、靈的平靜安適，不只是生存而已。所以 Peterson（2006）的結論是：正向心理學關注個人的優點和缺點，它重視建立人生中美好的事項和修補不好的事務；它能體現健康正常的人的目標，也能治療人們生命中的傷痕。正向心理學家相信，適當地研究人們的心理，可以經由與人們談論他們生命中最關懷的事，然後看著他們的生命真正地開展，卸下心中的困頓。

正向心理學因此希望能改變心理學的研究方向，讓人性中的光明面攤在陽光底下，重新思考個人能力可以達成的目標，而非專注於個人的缺失和不足。

學者Seligman（2002）將正向心理學分成三大類別，分述如下：

1. **正向的主觀經驗**：如快樂、愉悅、感激等個人曾經體驗過的感受。

2. **正向的個人特點**：如人格長處、才賦、興趣等個人能勝任的人際關係和工作。

3. **正向的機構或單位**：如家庭、學校、工作場所、社區等所提供給個人，使其能發展長才，得到正向經驗的機構。

這種分類意味著，正向的機構或單位賦與個人機會和場所，得以促進個人發展和表現個人的長處，因而產生了正向的主觀經驗。例如：家庭中由於父母的關愛和教導，提供學習的機會和資源給孩子，讓孩子得以閱讀學習，發揮長處；當才藝或學習成果得到讚賞

和肯定時，個人和家庭就會感受到成就的喜悅。

為了使個人獲得更多正向的經驗、使生活美好，可以從以下三方面去努力：

1. **正向的主觀經驗**：除了過去曾經體驗過的滿足感和滿意度，可以開創新的經驗。例如：擴展新的學習、結交新朋友、以樂觀的眼光和態度去面對人與事。

2. **正向的個人特點**：辨識自己的人格特質、了解個人的長處，實踐和發揮如智慧、知識、勇氣、愛與人道、正義、節制等美德，以提高生命的意義和價值，得到安慰和生活品質。各位可以進入「What Is Your Emotional Intelligence Quotient?」網站（http://quiz.ivillage.com/health/tests/eqtest2.htm）去發現你自己的情緒智商，並善用這些人格優點，做到「時時做好人」。

3. **正向的機構或單位**：幫忙個人的生活環境，從家庭、社區、學校到職場，每一個單位都能影響我們情緒的平穩或起伏。幫助在生活和工作中的人互相尊重，誠心誠意溝通，使生活和工作在其中的人增加滿意度，便擁有了正向的感覺。

一起來練習

請你想一想你個人的成長環境、工作的機構或單位、生活的社區，寫下你的正向經驗和感受。請你列舉何人（who）、何事（what）、何地（where）、何時（when），和上述如何（how）造成你個人的成就感／安全感／舒適感／快樂感等等的經歷。

第 二 節
為什麼需要正向心理學

　　人生活在社會中，複雜的人事互動，常留下很多猜疑的空間。境由心生，你真的認識自己嗎？如果你喜歡逛書店，不知道你可曾瀏覽有關自我幫助的書籍？如果你的答案是肯定的，你大概會訝異地發現，原來有這麼多的書籍是用來教導人如何自處、自助和自救。生活的壓力愈重，生存的競爭愈大，人際間的關係愈是緊繃，這樣的生活環境對身、心、靈都有負面的影響，也使得人們更需要聆聽或閱讀能使人感到溫暖、找到希望的音樂或書籍。

　　一般人都有一雙眼睛，這雙眼忙著去捕捉人世間的萬象，接受聲色犬馬、萬丈紅塵的挑戰與戲弄，往往目迷五色，忘了我是誰！疏失於觀想自己的本相，也遺忘了自己是使自己快樂、健康的「抄手」。人們也較容易注意負向的事，報章雜誌報導災難、戰爭、暴力、凶殺的篇幅，多於成功、喜樂的人事。謠言滿天飛，也經常是猜測或推論，中傷的成分比造就的機率要來得高。

　　如果人人都滿足於自己的長相、智慧、個性、家庭、事業等等，多半的貪、嗔、癡、怨、疑、慢，就會像湖泊中的雲彩，或者遠離、或者消逝。然而人們的不滿往往由於「比較」而起，嫌自己不比別人聰明、不夠漂亮、家庭環境不如人、不像別人有人可以扶持、提拔、幫助等等。古今中外多少哲理點出了這種「比較心」所帶來的困惑和不平。心中不平，自然沒有平安。佛家著眼在「自在功夫，心即是佛」，好比「心中有主」必得平安。

　　印度文學家泰戈爾說：「雲想變成鳥，鳥想變成雲」，卻不了

解彼此的環境中所面臨的考驗和挑戰；筆者兒時所聽到的一個故事是這樣：有一隻老鼠很怕貓，巫師很同情這隻老鼠，所以把老鼠變成貓；成了貓的老鼠又怕老虎，於是巫師就把它變成老虎；老虎怕獵人，巫師就把它變為獵人；獵人怕大象，巫師又把它變成了大象；大象怕老鼠，它又變回了老鼠。很多人往往忘記了，人生每一個角色都在相生相剋的一環中，與其像小飛俠成天追逐著自己的影子，不如讓自己靜定下來「認識自己」。

《莊子》中有一個類似的敘述。在〈秋水篇〉中說：「**夔憐蚿，蚿憐蛇，蛇憐風，風憐目，目憐心。**」就是說一條腿的神獸——夔，羨慕有許多條腿的蟲——蚿，蚿又羨慕沒有腳，卻動得快的蛇，蛇卻羨慕移動快速的風，而風卻羨慕人的目光，因為風未到，人的目光已能察覺；然而人的目光更羨慕人心，因為心念一轉，無所不能達。我們總覺得別人比我們強壯和高明，卻不發掘自己的長處及優點。而正向心理學就是藉著科學的研究討論，加上人性的詮釋和推理，使人們能在紛擾競爭的生活中，找到生命的一股清流。

那何時該尋找正向心理學？我相信很多人都曾這麼說：「等我賺夠錢……」、「等我畢業……」、「等孩子長大……」、「等我有時間……」等這個、那個……，等還可繼續寫得很長！殊不知時間總需要靠安排的。筆者任教於美國某大學教育研究所，學生多半是全職的教師或職場的工作人員，當班上分享興趣和嗜好時，多半學生都會說：「太忙了沒時間去從事任何嗜好。」你是否也如此？

你是否曾想學彈鋼琴、學吉他、學古箏、跳國標舞、看小說、學直排輪、做菜……你做了什麼？還在等待嗎？我往往問我的學生：「今天你為自己活十分鐘了嗎？」十分鐘內你起碼可以打電話給一個久不見面的朋友、你的家人，或發一封 e-mail 給你的男友

（女友）、做幾個伏地挺身、吃一罐優酪乳，或只是做幾個深呼吸，你會從這些活動中得到新的動力（圖 3-1 和 3-2）。

❖ 圖 3-1　作者上古箏課

❖ 圖 3-2　作者在海灘上的瑜珈課

一起來練習

現在請你寫下，在你給自己的十分鐘中，你想要做什麼？

第三節
誰需要正向心理學

正向心理學不是富人、白人、基督徒或佛教徒的專利。很多人也許天天都生活在正向的思維和行動中，也有很多人們往往在經歷了困頓、挫折和考驗後，方才體會到自我實現和互相扶持的重要。但是也有一些人卻在自怨自艾中，痛苦過大半的日子。經歷了大病的人會降低對物質的需求、珍惜身旁的親人；經過苦難考驗的夫妻較會珍惜相伴相守的時光，所以「糟糠之妻不下堂」的例子，比比皆是。報導指出，美國經歷了 2001 年 9 月 11 日世貿中心雙子星大樓被炸毀的事件，人們更願意明白彰顯地表達和遵行聖經中的信、望、愛和慈善的美德（Peterson & Seligman, 2003）。同樣的，在台灣 1999 年 9 月 21 日的大地震，人不分男女老幼，各種宗教和社會團體捐出了難以數計的人力物資，在第一時間展現了人間的大愛。筆者當時在新加坡，寄宿的旅館大廳就陳列了一個極大的玻璃櫃，上面寫著「救援台灣震災」。2008 年 5 月 12 日中國四川發生了八級地震，死傷慘重，震醒了更多人的愛心。一夜之間，世界許多國家和民間團體出錢出力，立刻展示了救人第一的行動。如果說這是

「民胞物與」實在不為過。這就是正向心理的體現。

　　所以與過去心理學家不同的是，正向心理學家經常針對健康和心理沒有障礙的人做研究。一個以修女為對象所做的研究顯示，心情愉快的一組修女，平均壽命比不愉快的修女的平均壽命長了近十年。這個研究是根據這群修女所寫的文章，計算出他們的字裡行間有多少正向或者是負向感情的字句。這個研究雖然仍有值得批判的地方，但是顯然這一群快樂長壽的修女在每一個看似刻板重複的生活中，尋找到使他們生命中有意義和可以盼望的事，一天堆一個微笑在臉上，日子就明亮了。就像聖經上所說：「心中喜樂，臉上就有光采。」筆者在晚春時節邂逅了幾位修女，她們和藹可親的素顏，也寫著喜樂的光采。也許是她們有永生的盼望，也許是她們沒有生活的掙扎。當人生別無所求的時候，燦然的笑容也感染了周邊的人（見圖 3-3）。

❖ 圖 3-3　滿面笑容的修女

　　另一個研究是從一個大學畢業紀念冊上女生的表情做統計。研究報告指出，從那些有真正開朗的笑容，還有一些是勉強咧嘴作笑的，可以預測她們幾十年後是否快樂。因此正向心理學是屬於願意讓自己有自在的心，探討使自己感到快樂的方法，並且懂得珍惜和運用自己擁有的資源和才賦的人。所以人人都有機會擁有正向心理。

　　研究正向心理的學者們並不否定人世間有痛苦、有掙扎。他們也很清楚沒有病痛的人，並不表示就是具有正向心理的人。所以正向心理學家希望藉著科學的研究，教導如何使人尋求快樂的途徑。只要有意願，人人都可以擁有正向的心理。

　　下列量表是筆者用來檢測學生對人生、處世和對自己的期盼。讀者不妨測驗一下自己待人處事的樂觀度。1 是強烈的反對，5 是強烈的贊同。

　　1.我喜歡學習新的事物 …………………… 1　2　3　4　5

　　2.我明白自己的動機和感覺 ……………… 1　2　3　4　5

　　3.對於我開始做的事我能貫徹到底 ……… 1　2　3　4　5

　　4.我珍惜與他人的情誼 …………………… 1　2　3　4　5

　　5.我對未來充滿希望並會努力去達成 …… 1　2　3　4　5

　　6.我對人的原則是寬容而不是報復 ……… 1　2　3　4　5

　　7.我喜歡開懷大笑也帶給人歡笑 ………… 1　2　3　4　5

　　8.我重視智慧更甚於知識 ………………… 1　2　3　4　5

　　9.自我相信的功效影響行為的選擇 ……… 1　2　3　4　5

　10.我善於策劃行動並使其完成 …………… 1　2　3　4　5

如果你的分數在 45 到 50 中間，你是樂觀積極而且快樂的人。
如果你的分數在 30 以下，你可能需要檢視生活的態度和心理。

CHAPTER 4

人生不如意——
當思一二

本章目標

本章敘述如何應用正向心理學在日常的心理
建設。

閱讀本章後，讀者可以：

1.認知衝突和危機本是生活的過程。

2.辨識彈性人生的必要性。

3.培育個人和所服務的對象之彈力韌性。

　　一般人常常感慨：人生不如意十之八九，想到的總是失敗的事業、失去的友情、損失的金錢，似乎活著充滿了無奈。一位有智慧的長者卻說：為什麼不想一想那稱心如意的一二呢？相識滿天下，只要有三兩個知心的朋友，生命就有了活力；滿街路人，但是能有一雙陪你流淚的眼睛，就值得你為生活而奮鬥。眾人皆知的發明大王愛迪生，是在失敗了一千多次以後，才發明了使電燈發亮的材質。一棟上市的房子，在成千的顧客群中，卻只需要一個掏錢購買的買主。如此一想，我們又怎麼能要求每個人都愛我們，每一件我們經手的事都成功呢？所以除了記得、珍惜和感激這一、二個成功的經驗、快樂的時辰，以及得意的人際關係之外，下面要談一談如何因應並克服人生的逆境。當你覺得人生已經跌到谷底時，如何從困頓的環境中跳脫出來？

第一節
面對事實——危險與機會

　　請你回想一下你學習走路的過程，你曾經跌倒過嗎？你看過哪一個小孩跌倒了，就永遠賴在地上不起來？學習滑雪的人多半也是在雪地上跌跌撞撞後，才能享受到在雪地御風滑雪的樂趣。你聽過「哪裡跌倒，哪裡爬起來」吧？開車的朋友如果曾經歷過車禍，要去除心中的障礙，就要勇敢地駕駛過出事的地點。所以當面臨困境的時候，往往是面對危機的時候。既然是危機，就是說有危險，但也充滿了轉機。危機成為轉機需要個人能面對既有的現實，或是自我分析，或是與家人、朋友或專業人員討論，為什麼會造成目前的結果。是人為的因素：如錯誤的抉擇？用人不當？或是時機不對，

操之過急，還是坐失良機？或是環境的因素：如缺乏外來的助力？還是天災造成？在這些原因中，哪一項是可以改變的？要多少時間才能看到效果？需要做多少損害管理？如果是天災，保險公司可有理賠？不足的部分，如何救助？如果是人為的因素，是自己的緣故？或是別人造成的？是個人的剛愎自用？優柔寡斷？還是缺乏應有的技術和知識？如果是他人引起的，是否應該重整人事，全盤檢討，重新出發？

　　美國心理學界有很多學者是經歷過這種轉折的過程。例如：Philip Zimbardo 生長在貧困而充滿挑戰的環境。他生長在紐約 Bronx 區的南方，許多家人和朋友都被關在監牢裡，或是曾經坐過牢；但是他個人的自我省思和努力，使他從困境中掙脫出來，成為了家族中的第一個博士。另外創立成功智力理論的 Robert Sternberg，在小學時期，他的教師認為他智商太低，需要留級；到了他大學的第一年，學力測驗指出他不具有學習心理學的能力。在這種不被看好的境遇下，他卻在 2003 年成為美國心理學會的會長，而這個學會一直到今天都是在心理學界具有領導的地位。

　　你曾搭乘過雲霄飛車嗎？當雲霄飛車高度愈來愈高的時候，我們抓住把柄的手就愈來愈緊，並且更用力地壓住座椅。人類的抗壓力經常在面臨挑戰時呈現出來。從危險到轉機，需要當事人能沉靜下來，面對問題，分析和評估困難和問題的所在。例如：當船碰上意外，在落水的當下，如果不要著急地滑水掙扎，就可以保持比較久的體力，先順波逐流，辨識方位之後，再尋找可能運用來保命的物體，這也是在危境中尋求轉機活命的方法。這個時候怨天尤人無補於事，害怕逃避也解決不了問題。有宗教信仰的人可以靠祈禱或讀經，安靜心緒，然後尋求幫助。筆者認識的兩位朋友，同時面臨

了婚姻破碎的危機。一位選擇了溝通並面對危機，處理了共同的財產和子女的教育問題。雖然他們最後還是選擇了離婚，但是彼此都得以把心中的沮喪和不滿傾倒出來，各自找到一片天空。另一位卻選擇了遠走高飛，拋下高齡的母親和精神狀況不穩定的孩子。顯然他沒有將婚姻的危機，轉換成有建設性的轉機，於是獨自過自我放逐的生活。讀者不妨幫忙他們，列出面對危機和走出困境的可行方法。

你可曾在家庭中、感情上、事業裡，經歷過危險和轉機？當你回顧這個經歷，你的感受如何？在企業界也有許多實例。美國某一個遊樂園提供很多種雲霄飛車，但公司卻接到遊客的抱怨，認為他們的雲霄飛車速度太慢，不夠刺激；於是公司聘請了工程師做評估和做了很多高度和壓力的研究。工程師們研究的結論是如果再加速，一旦下降會造成對人體的傷害，但是如果在雲霄飛車路過途徑的兩邊加上鏡子，遊客們就可以看到他們自己和別人的表情，除了享受雲霄飛車的速度，還可以欣賞別人的尖叫聲和表情。公司照著工程師的建議去做，果然再也沒有遊客抱怨，把危機變成了轉機。

生活上所面臨的危機並不全是生死攸關。很多的小危機也可以使我們在憂慮愁苦中，找到新的活力和新生的喜悅。筆者聽過一個故事：有一位母親有一只花瓶，這位母親非常喜愛這只花瓶，天天擦拭撫摸這只花瓶。有一天她不小心滑了手，花瓶掉在地上，碎成片片。這位母親很傷心，她的女兒卻把碎片拼湊在畫布上，加上其他圖樣變成了一幅生動的立體圖畫。原來以為絕望了的碎片，有了新的生命，也顯示了親子間的愛。各位不妨想一想，在你居家的環境和生活中，有哪些可以化腐朽為神奇，讓看似絕望的人、事、物，得到新的用處和生命。

第二節
彈性人生——
成為有彈力和韌性的學習者

一、什麼是彈力和韌性？

　　學者對彈力韌性有不同的解釋，很多人使用的定義是：「能堅持並從打斷生活平順的挑戰中彈射回來的能力」（Walsh, 2003）。另一個說法是：「在面對困難的環境中，能突破、成熟並增加智能的能力」（Gordon, 1996）。Abrams（2001）指出：「韌性可以說是一種能力，足以使個人從病痛、沮喪和困境中，恢復、彈回衝勁的能力。」綜合以上的說法，彈力韌性可以解釋為在經歷很多失敗挫折和困難後，仍能夠克服環境和心理的障礙，跳脫出困頓，勇敢的再出發。就如同灌飽氣的球，打擊力愈大，彈跳得愈高。有句俗諺說：「打斷手骨反顯勇（台語）」，大概可以反映這種定義！

　　孔子小時候家境不好，他自稱「吾少也賤，故多能鄙事」。孟母三遷的故事，也清楚點出了孟子小時候曾經遭遇的困頓，以及物質生活的貧乏。他們並沒有因為環境不好而沉淪，孔子「吾十又有五而致力於學」，又因能有教無類，蔚為學習的風氣，而成為萬世師表。孟子雄辯，也造成思想界的活潑生氣，啟發後人治世經國的寶貴典章。

　　在美國的心理學學者中，也有很多位是生長在貧困和充滿挑戰的環境，但他們卻能從自我的省思和努力中，跳脫出他們的困境，發展新的理論，在美國的心理學界造成了正向的影響。而這些逆境

中成長的人都可以說是經常由自我分析，努力從惡劣的環境中跳脫出來，因此顯示出無比的韌性。

Gordon（1996）對嬰兒和幼童的研究顯示，有彈力韌性的嬰兒和幼童通常較有活力、自動，而且能夠忍受沮喪。報告也指出，這些嬰兒和幼童通常生長在有滋潤、有反應的環境，並且親近照護他們的父母和親人。這些在人生早期顯現出有彈力韌性的嬰兒和幼童，成長後通常較具有社會技巧、內在動機和對社會的扶持。從這個研究報告發現，如果在人生早期能夠有社會資源，提供訓練給教養嬰兒和幼童的個人，如父母和教師，使孩童和照護他們的父母和親人都能感到個人是很寶貴，具有價值的。在這種關愛和滋潤的環境和氣氛下成長的人，會較具有自信，可以放眼於前途，並且較容易得到快樂。這種論調鼓勵父母親在孩子小的時候，就應該給予他們有滋潤、鼓勵的生長環境。一旦進了學校，教師也應該設計適合的環境及應用適當的教法，以培養和保持孩子的彈力和韌性。

二、什麼樣的人格特徵算是有彈力和韌性的人？

有彈力和韌性的人有和善的態度和行為，很容易從人群中突顯出來。他們通常具有下列人格特質：(1)脾氣好；(2)友善且易與人相處；(3)具同理心能關懷別人；(4)有良好的溝通能力；(5)有幽默感；(6)能了解自己的特質；(7)能獨立思考工作；(8)有能力跳脫不健康的個人或情境；(9)對自己的角色功能有明確的認知。

知道了以上有彈力和韌性的人格特質，接下來就是要使學校中的關鍵人士：學生、教師、行政人員和家長等，有適合的環境及適當的教法，使他們有機會培養和行使這些人格特質。

1. 培養有彈力韌性的學生

常常在報章雜誌上看到，一般人稱呼今日的年輕一代為「草莓族」，這意味著他們外表動人，卻經不起碰撞擠壓。校園內經常有年輕學子，為了考試成績不夠理想、男（女）朋友分手，或成年人認為微不足道的小事，自我結束了年輕的生命。家長和教師在嘆息之餘可能要問：為什麼有人對創傷的適應力高，而有一些人卻無法面對任何打擊呢？為了培養有彈力韌性的學生，必須了解上述那些有彈力和韌性的人之人格特質，並適度的加以培養和訓練，以增加學生的韌性，加強他們應付挫折和困難的彈性。

教師或教育工作者在觀察學生時可發現：若學生喜歡接近教師、自動幫助其他學生或教師、喜歡引起教師的注意，這種學生可以算是具有彈力韌性的人格特質。教師可以安排這些學生與其他比較沉默和內向的學生配成一組，以同儕的互動來幫助及培養更多有彈力韌性的學生。近年來美國校園內發生的殺人並自殺的案件中，這些學生有很多平日都是沉默孤僻的。如果學校內能規劃同儕的互動，如學長姐、學弟妹的活動，引導學生做正向健康的活動，或許可以減少許多悲劇的發生。

一位有彈力韌性的學生，希望能與其他學生、教師或其他成人建立正向的聯繫，這種態度和行為有別於一些搗蛋或教室內的小丑期望引人注意的心態。有彈力韌性的學生通常愛自己，對人也多半友善，他們不必靠搗蛋或搞怪去吸引教室內老師或學生的注意力。上列的人格特徵可以提供教師們參考。

如果教師們想要培育出更多具有彈力韌性的學生，必須從他們的生活、遊戲和學習的空間著手，亦即家庭、學校和他們出入的社區。Benard（1991）建議，教師應該從以下三個方面著手：

(1)提供關懷和支持的環境：讓學生勇於嘗試，運用想像力和創造力。

(2)對他們有高度期許並且盡量促其達到期望：多給予學生鼓勵，並讓學生知道教師的高度期許。

(3)讓學生可以做有意義的貢獻：教師和學生可以共同規劃活動，使學生有機會以智力、能力和體力去幫助自己也幫助別的需要幫助的人。

這幾個方面如果有家長、社區的共同合作和參與，學生在支持、關懷的環境中，得以發展他們的才能，做對自己和他人有利的學習和服務。

一起來練習

讓我們一起來思考：教師如何幫忙學生成為有彈力韌性的個人？

支持和關懷	高度期望	有意義的貢獻
如：校長、教師、職員能叫出學生的名字，知道他們的家境狀況。	如：教師表達對學生能力的信心。	如：讓學生在班上或校內做小老師或小幫手。

請再舉出一些其他的方式來幫忙學生。

教師需要了解在教室內教師是具有權力的，所以為了培養更多具有彈力和韌性的學生，教師要能觀察和了解學生，辨識學生的人格和長處，並且讓學生知道，教師已注意並關切學生的長處。教師

也需要努力取得家長的協助，除了面對面的家長會，今日的教師還可以藉由電話、e-mail 與家長取得聯繫。

　　為了了解學生居住的環境，教師不妨讓學生對自己的社區做評估。住在城市內的孩子多半居住在公寓或者是大樓中，他們與鄰居的互動雖然有限，但是很多公寓或者是大樓中有共同活動的空間，或是有可參與的節日活動。不妨讓學生先了解他們的生活環境，再做下列的選擇。

一起來練習

下列陳述可以讓學生選擇：從 5 ＝非常同意，到 1 ＝非常不同意。

1. 我的鄰居們都認識並鼓勵我 ……………… 5　4　3　2　1
2. 我的學校提供的活動顯示了關懷支持的氣氛 5　4　3　2　1
3. 我覺得社區內的成人認為我是有前途的 …5　4　3　2　1
4. 我關切我所就讀的學校 …………………… 5　4　3　2　1
5. 我相信我有能力控制發生在我身上的事 …5　4　3　2　1
6. 我相信我的能力可以幫助其他的人 ……… 5　4　3　2　1

如果你的總分在 30 到 24 中間，表示你對你自己和你的社區有相當高的滿意度。如果你的總分低於 10，請你想一想是否讓鄰居有認識和了解你的時間和機會。

2. 扶持有彈力韌性的教育工作人員

　　從事教育工作的行政人員、教師和職員，對學生的學習和成長的影響在古今中外的文獻中，有太多的報導和探討。要養成具有彈

力和韌性的孩子，先要使在教育環境中的從業人員有健康的身心、有支持的環境和成為具有彈力和韌性的人。一般人都了解，當個人自覺無力的時候，就忙於處理個人的問題；或者是感情上需要療傷止痛、或者是心理上需要自我成長、或者是財務上有待釐清、或者是專業上還未純熟等，這些狀況都足以使教師和教育從業人員缺乏體力、精力、智力、時間，去發掘、培植學生的彈力和韌性。

心理分析學家往往探討個人的童年，以了解個人成長過程中所遭受的創傷，對他們日後待人處世的影響。根據 Erikson 的理論，一個人在幼年時，通常在兩歲以前，如果沒有安全的環境，無法建立與照護者的依賴信任，成長後也往往較難建立和維持長時間的男女情誼。童年遭受虐待的孩子，成長之後也往往有暴力的傾向；但是也有一些人有能力跳脫惡劣的環境、排除困難、突破困境。有一位教育部的長官，年少時家庭經濟困難，繳不起補習費，因此常受老師排斥，他卻選擇在電線桿下，藉路燈的光苦讀，成了村中的佼佼者。這種人就是具有彈力和韌性的人，不屈於困頓，能戰勝困難。這種人常是生活的鬥士、清楚的了解自己的特質、能獨立思考工作，這些特徵幫助他們跳脫了不健康的成長環境，使他們更加努力上進，勝出一些沒有經歷困頓的人。

教育工作千頭萬緒，上有行政條款、法律規定，下有學生心理和學業的需要，當中還要回應家長的質疑以及與同事的互動。為了留住並支持有能力、有愛心的教育工作人員，教育單位和學校有必要採取方法以鼓勵和支持教育工作人員。下列各項可以幫助教師和教育工作人員：

(1)辨識並鼓勵健康的人生態度：研究顯示，如果教育工作人員身心健康，也較能培育出身心健康的學生。為了使教育

工作人員身心健康，首先，教師和教育工作人員必須注意他們個人的生理、心理、感情、人際關係和心靈的成長，時時反思他們的生活狀況，做必要的調整和改進；其次，教師和教育工作人員要能發展和保持與同事和諧的工作關係，提高溝通的能力；第三，也是最重要的，教師和教育工作人員要對自己、他們的學生和人生保持正向的態度。身任教育工作的領導人，如教育部長官、督學、校長和處室主任，要以身作則，注重飲食和運動，讓同仁們有溝通的時間、機會和管道，並且要鼓勵和表揚同仁間正向的互動。

一起來練習

請你回顧一下，過去一個星期中你是否做到下列使自己身、心、靈健康的工作：從 5 ＝極同意，到 1 ＝極不同意。

1.我三餐飲食正常，沒有暴飲暴食 …………5　4　3　2　1

2.我每週至少運動三次，每次最少三十分鐘…5　4　3　2　1

3.我常讀使心裡平靜的書籍，如：聖經、佛

　經、老莊 …………………………………5　4　3　2　1

4.我和辦公室同仁有良好的溝通和互動 ……5　4　3　2　1

5.我碰到困難時可以很容易找到能和我共同

　處理的上司 ………………………………5　4　3　2　1

6.我的學生／同事會和我討論商量他們的問題 5　4　3　2　1

你的分數指出你健康的人生態度的情況：

24～30　你有極健康的人生態度。

18～23　你的人生態度還算健康，可以尋求更好。

12～17　你可能需要反思你的人生態度，做適度的調整。

　6～11　你也許可以找好朋友或專家，談談你的人生態度。

----

(2)開創並維持健康的工作環境：除了教師和教育工作人員本
　　身的努力，學校或辦公單位也需要支持並提供財力、資
　　源，以幫助他們完成社會交給他們的工作和使命。首先，
　　工作單位對新任的教師和員工要表示歡迎，如安排他們的
　　辦公桌椅，提供基本的文具配備，介紹他們與其他同仁認
　　識，解釋校內措施等。相信他們的能力，鼓勵他們詢問並
　　努力找到答案，使他們覺得他們的貢獻和努力是有意義
　　的。校長、督學、處室主任要信任教師有能力、有熱心，
　　並能有效地引導學生。信任往往成為責任，有良知和良心
　　的教師，就會熱切地負起責任，做好他們份內的工作；其
　　次，要提供學習的機會，如：專業座談、短時間專題訓
　　練，有時邀請校內或機構內學有專長的專家學者來主持這
　　種學習活動，這種學習活動對單位內的工作人員而言，是
　　一種極好的鼓勵；第三，學校或單位應努力減少教師和工
　　作人員的後顧之憂，如：成立托兒所、幼兒園、安親班，
　　這些設施可以減少同樣身為家長的老師和工作人員接送孩
　　子的奔波。讓有該年齡層的同仁參與管理和運用這些措
　　施，可以讓同仁們做更有意義的貢獻，並能保持照護孩子
　　的設施和品質。

一起來練習

讓我們來觀察你現在所處的工作環境，看看你的工作環境在哪些方面已做了支持和鼓勵的工作？從 5 ＝極同意，到 1 ＝極不同意。

1. 我的上司了解我很努力工作 ……………… 5　4　3　2　1
2. 我們的單位經常提供校內短期學習機會 … 5　4　3　2　1
3. 我的工作單位容許我帶職進修 …………… 5　4　3　2　1
4. 我覺得我的努力獲得我同事的賞識 ……… 5　4　3　2　1
5. 單位內有游泳池、運動器材，讓我促進維持
   身體健康 …………………………………… 5　4　3　2　1
6. 單位內有託兒設施，幫助我和同仁們能安心
   工作 ………………………………………… 5　4　3　2　1

你的分數指出你的工作環境的健康程度：

24～30　恭喜你，你的工作環境很健康。

18～23　你的工作環境還算健康。

12～17　你有需要多和同仁溝通，以增加彼此的了解。

6～11　你可能有需要尋求協助。可否和你的上司做一番長談？

有彈力韌性的人也有懷疑、焦慮和感到絕望的時刻。然而這些人通常也是能激勵自己早起，整理自己的思緒感情，到自己的工作崗位，完成他們該做的事。他們通常會運用下列的方法和資源：

1. 運用他人的集體智慧，對新念頭、新方法採取開放的態度。

2. 著重眼前和未來的目標，對自己有信心。

3. 懂得利用自己的長處，並發揮這些長處。

4. 親近有正向思想的個人，激勵自己的奮鬥力。

5. 尋求專家的意見，參考改進方法。

讀者不妨就以上五點，選擇自己可以運用的方法和資源，以幫助自己成為更有彈力韌性的人。

CHAPTER 5

正向心理學
在生活和工作中的落實

本章目標

本章敘述如何應用正向心理學在日常生活和
工作上的應用。

閱讀本章後，讀者可以：

1. 了解正向的情緒對生活的影響。
2. 辨識人格、文化和環境對情緒的影響。
3. 參與人生積極投入學業和工作。
4. 發展對人群的使命感，服務人群。
5. 應用方法達到流暢自由的感覺。

第 一 節
正向的情緒──
人格／文化／環境與其影響

　　什麼是正向的情緒？有了正向的情緒，對人們的日常生活有什麼好處？在教學和訓練上有什麼作用？你想知道如何營造和應用正向的情緒在工作和教學上嗎？一般人都知道感情影響人際間的關係，人們對於較親近的人，比較容易顯示或表達他們的感受，而這些感受往往較直接也較強烈。例如：孩子在學校得到獎狀，一進家門看到家人，也許會因高興而大叫；配偶在職場內受到委屈，進入家門的時候，也許會因氣憤而摔門。從認知心理學的角度來看，這種態度是為了區別他人與我親疏關係之正常表現。許多研究指出，正向的情緒對於分析、溝通、判斷和解決問題的能力，有很重要的影響。因為感覺快樂的人，通常在認知上較有彈性、較能與人相處，也較能看清楚各種刺激間的相關性。

　　一般而言，感情是人們對他們所關切的事件，也許有利、也許有害，所產生的反應。例如：父母親為孩子安排小提琴和網球等課程，以顯示父母親的關愛；或夫妻間互相體貼，贈送小禮物以維繫良好的婚姻關係。當這種意圖被內在的，或是外來的事件所打斷或影響時，感情就會因而受到影響。例如：孩子對音樂或體育沒有興趣，不願意練習，甚至拒絕去上課；而父母親勉強孩子，就會造成親子間的不愉快。夫妻間若收受到的禮物不是他們所期望的，言詞態度表示不當，就會傷了對方的心；或是夫妻中有一方受到了誘惑，在金錢或情感上做了不當的選擇，便會傷害彼此的信任。也就

是說，當一方有關懷和期望，而另外一方並沒有對等的回應時，負向的情緒如：傷心、失望、憤怒或嫉妒，就會油然而生。反之，一旦對方達到自己的期望，如上述的例子，孩子認真練習小提琴，每次比賽都得名，又被選入網球校隊，父母親的正向情緒，如愉快、引以為豪、輕鬆的感覺就會產生。學者 Levitt（1991）稱這種情緒反應為「社會期望模式」。

心理學家在許多世紀以來已經提出，當人們有內在的行為動機，以及可承受的壓力之下，可以發揮最大的能力。1990 年代有很多對於腦部的研究，澄清了感情和思考及學習的關係。一旦人們處於緊急狀況，我們的身體就會分泌荷爾蒙來應付重壓。這就是很多人經常臨時抱佛腳去完成作業和準備考試，或是善於應付截止日期的原因之一。當然一旦壓力過大時，我們能集中精神、記憶，以及解決問題的能力就會減弱。最新的神經科學（neuroscience）研究顯示：人與人之間的腦對腦具有傳染力，會影響彼此的感情，或者可以稱之為「社會性的頭腦」。神經科學發現，人們有能力對於對方腦子內的思想活動產生一種內在的刺激，也就是說能像鏡子一樣，反照出對方的思緒和感情。所以當兩方在一起時，一個人的腦部感受到生氣或者快樂，另一個人的神經鏡子就會感應到生氣或者快樂的磁波。一般人所說的「心電感應」，或是中國人說的「心有靈犀一點通」，現在有了科學的解釋。

發表情緒智商（EQ）的高曼（Goleman, 2006）指出，當學校內的學生、教師和行政人員能體察到自己的感情狀況，並且具有社會性的智慧，學校內就可以有最正向的氣氛，使在其中學習的人得到最高的學習效果。高曼認為，這種效應就如同教師在教室內，面對一群喧鬧的學生，腦部產生煩躁的感覺，向學生掃射了警告的眼

光，學生的神經鏡子接受到這種磁波，他們就會安靜下來。

社會學家發現感情磁波外延的時候，最強的反應來自室內最有權力的人。在教室內最有權力的人通常是教師，在職場經常是老闆。如果教師或是老闆對學生或是下屬存有關懷和信任的正向感情，他們的神經磁波便會發射此種正向的感情，學生或是下屬的神經鏡子接受並感覺到這種磁波，教室內和職場裡就會有正向的氣氛。高曼認為，學生或是下屬的感情智慧因而提昇，教學和工作的效果便大為增加。

歐美的父母親比較傾向於運用鼓勵的言語和行動去對待孩子。小孩子能彈簡單的曲子，父母親就會介紹他們為音樂家。如果孩子參加球隊，只要有比賽，祖父母、父母通常會放下工作或雜事，跟隨著球隊；在比賽的過程中，不停地吶喊加油，更準備飲料食品，順便野餐。這種文化和環境，通常能提昇孩子的自信心和被重視和愛護的正向情緒。

世界上不管是男女老幼，或是來自哪一個文化族群，都會有基本的感情（Ekman, 1992）。例如：快樂、悲傷、憤怒和焦慮。每個人也會有自我的價值觀，但是需求的程度和對需求的滿意度，常常因為該社會的模式和該社會是否鼓勵某些特定的行為而定。某些文化鼓勵人民抒發感情，像義大利的拿坡里人在公共場所說話時，臉上的表情和肢體的動作都很豐富；而倫敦人卻經常面無表情，極少與人正眼相看。美國的黑人說話時，通常會運用很多肢體的動作，而且好幾個人同時發言，喜怒哀樂全都表現在臉上和音調中。亞裔的族群仍然比較保守，除了在與同族群的人聚會，在公開的場所中都比較沉默。

美國的社會鼓勵孩子表達他們的意見，爭取和維護該得的權

利，並且以非暴力的方式去表現他們的憤怒。在他們的看法中，表達這些情感是合宜的行為。讀者也許在報紙上或是電視新聞中看到一些美國人士，當他們認為待遇不公平，或者對某些政令表達不滿，他們可以表達抗議。他們必須向當地相關單位申請報備抗議的時間和地點，在那個地點繞著圈子喊著口號，舉牌申述。對他們來說，用這種非暴力的方式去表現他們的憤怒，是可以被理解和被接受的行為。對某一些族群而言，表示憤怒常常意味著對權威的挑戰，而且破壞了社會的和諧，如東南亞的社群。有一些佛教國家甚至鼓勵他們的孩子不要感到憤怒，因為已經發生的事情，憤怒於事無補。我國社會更教人「滿招損，謙受益」，忍耐被視為美德，所以「退一步，海闊天空」。很多留學生常常因此吃了許多暗虧，也生了許多悶氣，因為美國社會認為你自己的權利，你自己要去爭取。而壓抑怒氣，往往會影響個人身心的健康；日本的企業界告誡新任的員工「挨罵的時候，無論對或錯都不要辯解」，因為當對方生氣的時候，說的話就像亂箭攻心，當然不要讓亂箭穿心。筆者任教的學校中，曾經有好幾次聽到有來自其他國家的留學生向台灣來的留學生借作業看，結果他們先交作業，教授認為台灣來的留學生抄襲，作業算零分。有幾個學生居然自認倒楣，這種處理的方式既使自己委屈，又無法幫助他人學識或品格的增長，更使教授成為沒有公義的人，實在不值得鼓勵。

在美國的新移民經常感到焦慮。成年人擔心語言能力不足以和鄰居溝通，有困難不知道要向誰求問；孩子的學習需要，不知道如何向老師說明。而他們的孩子在學校中也面臨許多挑戰。亞洲移民在美國社會一向被視為模範移民，這種刻板印象使得教師期望亞裔的學生必須有好的學業表現，不可有紀律上的問題。家長也經常在

學業上對他們的孩子施加壓力，期望他們成為「人上人」。所以成年人的生活中，有時難免感到「虎落平陽被犬欺」的感慨；而孩子更感受到兩個文化的衝擊力，有時不免成為文化的邊緣人。

在歐美學者的看法中，長久以來因為缺乏對各種情緒的共同定義，他們認為感情或情緒無法做理性的思考或剖析，更難以用科學的方法去研究。一般對感情的研究都是用直接的觀察，或者由個人的報告來進行研究。儘管如此，在一些學術領域中，如政治、商業和組織科學等，已有關於感情的研究。正向的情緒一向被視為「愉快」，在 Fredrickson（1998）的研究中，他提出了四種正向的情緒：欣喜、興趣、滿足和愛。從這四種正向的情緒中，人們可以因為有興趣，擴張了他們的注意力；因為有了注意力，提高了認知力；因為多了認知力，加添了行動力；因為有愛，生活中有了盼望。如此一來，人們體驗了欣喜和滿足，也因此更有能力去愛人也愛己。這麼一來造成了很多正向的效應，對個人來說，增加了個人的體力、健康和長壽；在社會的層面來說，擴張了人際的情誼；對智力上的影響來說，足以豐富和擴張個人的專業知識，增加智慧的複雜性；在心理方面則具有韌性、樂觀和創造力。基於這些理論，在教室內、在職業訓練上、甚至宗教方面的靈命增長，都可以藉正向的感情，以達到學習的最高效果。

一、運用正向感情於指導設計

近三十年來，學術界做了許多對腦部的功能和學習之關聯性的研究。一個很具體的結論和建議是，認知學習與感情有很大的關係。各位或許經歷過下面敘述的情況：你如果喜歡你的老師，你就會努力做好功課，得到好成績，以使你的老師愉悅。或者，如果你

不喜歡你的老師，也許你上課就不會專心，也不情願做功課，有時還會與那位老師頂嘴，師生間的關係緊繃，彼此都不快樂。對成年人來說，你如果心緒不寧，有許多憂傷、煩惱，你通常容易感到疲倦，對很多事務不感興趣，也無法集中精神去面對生活中該做的事，對你的家人也因此而冷落。

　　一般來說，如果學生對課堂上的學習有強烈的興趣，也能專注在學習的情境中，通常會有較高的學習動機。教師要先讓學生感受到教師對課程內容的熱愛，也必須讓學生感受到教師對他們的關心，這種熱愛與關心具有傳染性，一旦學生感受到教師對他們的關心和對課程的熱愛，教師便能使用學生可以了解的例子，或生活中的事件，讓學生加入討論、辯論，或做更深入的研究。這種學習情境，能讓學生感受到課程內容與生活經驗的相關性，使他們得以產生較高的認知能力，以及具有更多的行動力。學生會較積極投入學習，並感受到學習的樂趣，因而有正向的觀感和有正向的感情。

　　在學習指導的情境中，教師或訓練員不妨參考下列的方法，以培養和喚起學習者正向的感情：

　　第一是用情意教學。情意教學往往運用生活中常見的事物，提醒個人過去的學習經驗，引導學習者做聯想並激發他們的想像力，因此影響人格的形成、價值的澄清，和與人相處的態度。這種教學影響深遠，對指導的過程和結果都很重要（Martin & Reigeluth, 1999）。建議情意教學可包含以下六類：

1. **感情的發展：**包含了解自己和他人的感覺，並能學著適度的掌控自己的情緒。這個過程需要個人反應自己的生活和心理狀態，如果能夠有父母親或是教師可以提供意見，給予提示和諮商，可以幫助孩子和學生正向感情的發展。

2. **道德的發展：**包含做正確的道德判斷，做為行事待人的選擇。當個人在做抉擇的時候，如果能夠整理和分析需要擔當的責任，以及可能造成的後果，通常較不致於犯太大的過錯。

3. **社會的發展：**包含了解個人和他人社會性的成長，了解不同時期的社會性需要。教師可以幫助學生了解每一個成長的階段和不同的情境中，社會對他們會有不同的期望，讓學生了解個人對社會的責任。

4. **靈命的發展：**包含宗教的認知和參與，以找到內心安靜的過程。對宗教的知識和參與，可以使學生了解和訓練尋求內心的滿足和平安。

5. **美感的發展：**包含欣賞和追求天然或人為的、美的環境和事物。在學校的課程中，如果能夠讓每一個學生學會一種樂器，或是能欣賞音樂、美術和自然景觀，就可以緩和情緒，減少暴戾之氣。

6. **動機的發展：**包含了解內在和外塑的行為動機和原因。幫助學生了解自己的人生目標和原因，可以讓學生更有效地找到達成目標的方法，較能專注於學習。

　　第二是著重在，如何導引在學習過程中所產生的感情，也就是注意處理學習者不安定的感情，使學習者能適當的在整個學習的過程中，保持學習的心緒。這過程要導引負向的感情，如：害怕、嫉妒、憤怒等。鼓勵學習者以口頭或文字宣洩負向的情緒，給予回饋或建議，以同理心使學習者能感受同情，得到平靜，進而轉移注意力於學習。今日的社會和家庭的結構與一、二十年前相比，有很多變化，來自單親家庭和隔代撫養的孩子比比皆是，來自不同文化背

景的配偶和台灣人的婚生子女也成為許多縣市學校的多數學生。在不同需要、不同文化的衝擊中，難免有不同的意見，也常常產生溝通上的困難。筆者認為下列事項可以幫助這種需求：

1. **師資培育需提供多元文化的認識**：尤其是認識和了解即將任教的學校和其周邊的社區和環境。掌握學校中的學生和他們的社經、人文和學習需要的資訊。學會一點當地的主要語言，更有助於和學生家長以及社區人士的互動和溝通。

2. **學校可以設立憤怒管理的諮商課程**：很多學生在父母離異的過程中，或是目睹和經歷家庭暴力，心中有怒氣，無法也無人可宣洩，有時會運用肢體暴力去對待周遭的人，有時會用自殘的方式去對付心中的不平。美國的中、小學校內有憤怒管理的計畫，這種計畫運用學生擔任評理人，聆聽學生的問題，並幫助學生了解行為動機和面對現實，並設法加以開導，補救所造成的傷害舉動。在聆聽、傾訴和舒緩、討論的過程中，學生的怒氣得到宣洩，能看清楚自己的行為和需要面對的後果，其他的學生也得以發揮同理心，了解他們的同儕，並知道如何幫助有相似困擾的朋友和家人。

二、營造學習情境中的正向感情

　　教師或訓練員要營造學習情境中的正向感情，首要了解在學習情境中所需要的正向感情。例如：自信、熱誠、興奮、好奇、有盼望、有啟示、有興趣、安適、滿意和平靜等，這些正向的感情有助於學習者專注於學習。為了使學習者具有這些正向的感情，教師或訓練員首先要能激發學習者的好奇心，使他們產生學習的興趣；其次讓他們能感受該學習內容與他們的學習、工作和生活有相關性，

因此激發他們的自我動機。各位不妨回顧一下，你第一次學習使用
電腦時的感覺。當你看到年輕的一輩，操控和應用電腦的速度極
快、技能又高，你為了和他們有共同的話題，想了解、接近他們，
因此產生了學習的好奇和興趣。而一旦你知道如何應用電腦，你發
現你可以上網查詢資料、付帳單、發信，甚至打長途電話，使你的
生活從家裡的臥室、起居間擴展到全世界，改變了你對學習新事物
的看法；這種學習，就不必等待別人督促或刺激了。而在學習中所
感受的興奮和滿足，使你更盼望能知道更多有關電腦的功能和應
用，這個流程可以用圖 5-1 來表示。

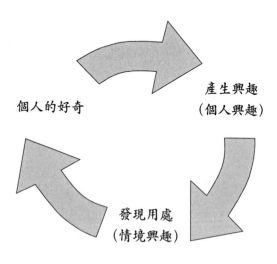

❖ 圖 5-1　營造學習情境中的正向感情

一起來練習

現在請你設計另一個學習情境，使學習者能感受到正向的感情。你可以先想一想自己有什麼專長可以分享？哪一個人可能可以借助你的專長？你如何幫助這個人生活得較愉快？工作較順利？

第二節
積極的參與——
自己的學業、工作和生活

人們在學習的過程中，當個人一邊在進行學習的時候，也一邊在衡量、分析和判斷自己是否喜歡他們正在學習的事項。例如：你所要學習的知識或技能可否立刻派上用場？你是否有足夠的時間參與整個學習的過程？需要花很多錢嗎？你的體力和精力可以維持嗎？你的家庭生活會不會受到影響？你對要學習的內容有興趣嗎？當個人學習的過程中判斷所學習的不能馬上應用，或者學習中需要的金錢、耐心和能力超過個人所能負擔，學習者可能很快就會放棄學習；尤其是很多需要自己去讀學習手冊，或是上網找資料學習的時候。當周遭沒有人可以和學習者互動，缺乏有人鼓勵，或者碰到學習的瓶頸，不能及時發問並找到答案時，學習者往往不能持之以恆，失去學習的興趣，對自己感到失望，便無法達到學習的效果。也就是說，個人在學習的情境中缺乏參與感。對於一些喜歡和他人共同興趣的人來說，這種興趣是一種挑戰，也不是他們所喜歡

從事的興趣與方法。

　　你是否曾經試著照食譜來學習做菜？如果你的第一個感覺是「太麻煩了」、「太費事了」，你已經知道你不喜歡，就不會想動手去做了！這時如果有好朋友在場，和你一起動手，在互動和參與的過程中，共同解決學習中所遇到的問題，因此提高了學習的興趣，也增加了學習的成效。

　　機關或學校內想要推行政策或是新的措施，如果希望更多人來參與，就必須考慮到這些政策或是新的措施，是否能夠引起機關或學校內部人員的興趣？這些政策或是新的措施是否給予他們更多的便利和福祉？他們需要付出什麼代價？他們是否願意付出這個代價？以及他們是否擔負得起這個代價？請閱讀下列各個陳述，哪些可以使你產生正向的感情？負向的？或沒有感覺？

問題陳述	正向感覺	負向感覺	沒感覺
1.本市將於明年升格為院轄市。	☐	☐	☐
2.捷運將延伸到本校附近。	☐	☐	☐
3.本市的所有公教人員將會晉級加薪。	☐	☐	☐
4.市政府將會有預算擴張本市的機場。	☐	☐	☐
5.一星期中有兩天，每個人只需要上班半天。	☐	☐	☐

　　上列陳述如果與你有相關性，想必你較會有感覺。例如：第三題，如果你不是公教人員，你家也沒有人擔任公職，也許你就不會有太多感覺；像第二題，如果你走路上下班或上下學，或開車，也許你也不會產生直接的關聯性。如此推論，你大概可以了解當你想

要使你服務的對象,如學生、工作人員、職員,積極參與並產生正向的感情,你就要使他們對你的政策、實施的辦法和學習的內容,可以與他們的生活和工作產生相關性。換句話說,當你是老師,你想要使學生感到教室內的安全,教室內要能有信任和尊敬的氣氛,並發展為人人都能參與學習的社會,讓每一個成員都感到自己是有價值的一份子;社區的人士更要努力使學校附近沒有很高的犯罪率。一旦學生或工作人員對自己和他人感到有相關性,有互惠的關係,推行的措施可以利人利己,他們通常會較樂於貢獻時間、體力甚至財力,去做對自己和別人有意義的事。

很多少數族群並不積極參與公共事務,有時是覺得力不從心,有時是「事不關己,漠不關心」。當你放棄參與的機會,也意味放棄了決定權。所以只有在積極參與公聽會、社區聯盟時,才能為自己和別人做有意義的貢獻。

第三節
對人群的使命感——服務的人生

自有人群居以來,人們多半需要互相幫助,以求生存。直到邦國制度形成,規則、國法或憲法等,更需要居住在該環境的人互相配合遵守,人們才能安居。人既然不是獨居,人群中總是有賢或不肖之別,必須有同理心,才能使具有不同能力的人都能有生存和生活的機會。《禮記‧禮運大同篇》有:「人不獨親其親,不獨子其子,」因為「物惡其棄於地也,不必藏於己;力惡其不出於身也,不必為己」,所以「鰥、寡、孤、獨、廢疾者皆有所供養。」這就是我們的古訓:「民吾同胞,物吾與也。」所謂人生的黃金規則:

推己及人，也勉勵人們愛鄰如己。所以服務的人生早已是人的本分。當人們能以無私的行動，貢獻心力智慧，幫助個人和群體的發展時，個人的生命得到了新的意義，生活中就多了個目的。中國儒家的「天下興亡，匹夫有責」、佛家的「地獄不空，誓不為人」，都是肩負人類的使命，勇於貢獻的寫照。很多人以為老子提倡無為，對社會漫不經心；事實上，《老子》五千言中除了談人生的哲理，也談到社會責任和個人的功業。他主張「功成身退，自然之道」，所以建功而不居功，這就是服務的人生觀（道德經，9）。就近而言，各位不妨參觀鄰近的社區資源回收中心，很多參與其中的人都是沒有赫赫地位或受過高等教育的個人，他們以他們的時間和體力，為這個地球村盡一份心力。他們在一個小角落，默默發光，照亮和溫暖他們身邊的人；對他們來說，他們的使命感就是「歡喜做，甘願受」的服務。我們可以說東方哲學的教導是在改變和喚起一般社會性良好的個人意識，使他們能替社會上其他較不幸運的人造福。

　　相同的，美國歷史上也強調社區服務。在立國初期是為了減少生存的壓力，所以鄰里社區必須互相照應，幫忙收割，抵擋野獸。今日很多高中和大學院校規定，學生要做服務學習（Service Learning），以幫助個人和社會團體。這種服務的行為從正向心理學的觀點來說，當人們有能力幫助人的時候，覺得自己有尊嚴、有價值，滿意和快樂的感覺油然而生；而對被幫助的人而言，可以感受到被關懷的溫暖，不必孤寂地掙扎。這類行為以研究道德發展理論的 Kohlberg 而言，就是當人們能體恤個人不同的情況，所做出合理的道德選擇。基督教的教義提醒信徒做公義和慈善的事，從施捨中得到喜樂，也可以說是達成為人的使命感。佛家的看法是「千支

燭光，可以由一支蠟燭來點燃，而蠟燭的生命並不會因此而縮短。」照亮了別人也完成生命中的使命，因此有快樂和溫暖的體驗。

人本心理學家馬斯洛所指出的人生最高境界是自我實現，當所做所為是為了全人類（大我）的益處，縱使犧牲一己（小我）也在所不惜，像耶穌和印度的甘地，就是自我實現最好的寫照。

從以上所說，我們可以了解人類生而有與人為善的需求，在個人與人群的互動時，可以得到互惠以及滿足的快樂。所以參與服務的義工可以滿足人類社會性和心理的需要，在合作和互助中增進人群的和諧。

人們的快樂其實是來自積極地參與有價值的活動，和可以看到通往個人目標的進展，而不是被動地等待理想的環境。自發的人經常為自己和他人營造出正向的氣氛，有時是多說造就鼓勵的話，有時是伸出援助的手，有時是出錢出力。至於自發和被動如何區分呢？一般來說，被動的人常淪為犧牲者，因為不願意表白和溝通，他們淪於自我憐憫，責怪自己，也經常經歷沮喪和憤怒；相反的，自發的人積極面對人生，常具有自信心，充滿希望，能寬恕也可以忘掉不愉快的事，而且樂觀進取（見表 5-1）。

❖ 表 5-1　自發的人和被動的人之不同

被動的人	自發的人
消極的犧牲者	積極的改變者
自我憐憫	有自信心
責怪自己	負起責任
沮喪和憤怒	寬恕和遺忘

筆者相信人的一生中，總會碰到不合理的同事、不敏感的上司，你可以選擇成為被動的犧牲者，也可以成為有擔當有責任的自發者。對人群有使命感的人通常是自動自發的人，他們也許曾經是社會不公正的犧牲者，為了不使別人成為相同的犧牲者，他們勇於扛起責任，並期望能喚醒大眾一起做到「我為人人，人人為我」。

一起來練習

請你想一想並分享在你求學或工作的經歷裡，你可曾碰到不講理的同學、不合理的同事，或不敏感的上司？你可曾從被動的犧牲者，變成自發的寬恕者？事後，你的感覺如何？

第四節
靜觀自在——流暢感、佛家、老子、莊子和基督的教導

什麼是「流暢感」？學者 Csikszentmihalyi（他自嘲發音為 Chickens send me high）在 1999 年發表了這個理論。1945 年，當 Csikszentmihalyi 十歲時，第二次世界大戰剛結束，他在他的家鄉土耳其看到很多位他所尊敬的成年人，在他們失去了社會地位和財物的時候精神崩潰；但也有少數人並沒有因此而崩潰。這個觀察使他決定要尋找一個能使人活得更好的方法。他的目標是：如何使生活像藝術，而不是只回應外在忙亂的現象。

　　Csikszentmihalyi 從研究藝術家的生活開始他的探索，發現很多藝術家形容他們創作的時候是處在「入神」的狀態，以拉丁文的解釋近似於「離形」。人的精神狀態彷彿飄流在空氣中，人與畫筆成了一體，流暢地運行在畫布上。對鋼琴家而言，當他們忘形於音樂和感情的抒發時，他們沒有注意到空間、琴譜或聽眾，心思意念全都隨著音符而起伏流動。

　　Csikszentmihalyi 注意到，當人們在從事他們所喜歡做的活動時，他們最大的顧慮就是別人如何看待他們，他們擔心被評斷，會丟臉。這層顧慮增加了壓力，減少了享受在其中的樂趣。他的結論是：如何從每一天的慣性生活和慣例中跳開，心神貫注在所做的事上，不要擔心他人的眼光和評論。例如：雖然生活仍然繁忙，但是撥時間去看一本很久以前就想看的小說；或沉浸在一個電影中，讓自己專注在所喜歡做的活動，享受忘我的時刻。

　　至於什麼是流暢感呢？流暢感就是一個人的主觀經驗，在特定的情形下，當機會和挑戰的程度與他們的能力和技巧相配合時所產生（Csikszentmihalyi, 1990）。下列的陳述都足以使人達到流暢自由的感覺：

1. **全神貫注**：除了正在從事的活動，外界的人事音聲都不會有所干擾。讀者也許可以從正在看漫畫或是玩電動的孩子身上看到這種專注。成年人也可以經由訓練以達到這種專注。

2. **感覺入神**：從每一天的現實環境中跳開，有如做白日夢。有些人有靜坐的習慣，在靜坐中冥想自己所嚮往的地方，就如同神遊寰宇，無遠弗屆。

3. **內心的清朗**：清楚的了解什麼是流暢的理想狀況，以及該怎麼做。

4. **滿有自信**：知道這種流暢的狀況是做得到的，不焦慮也不感到無聊。

5. **有平靜沉穩的感覺**：不掛慮自己的形象，不計較外表。

6. **專注在眼前**：沒有時間的急迫感，放任自己的心思在當下。

7. **有內在的動機**：心思的流暢自由就是一種自我的獎賞，不必得到他人的認定。

流暢感可以說是包含高注意力在活動，少自覺、高程度的控制，而且忘掉時間。禪佛所說「解放的人」，能與神結合，在靜與定中，天人合一，內在的安適表現在外在的沉穩，顯示出一派平和，這應該就是流暢自由的感覺。禪宗用最簡單的方式解釋人生，那就是：「餓了吃，睏了眠（台語）。」生活如此自然，也就不會有太多的焦慮了。

莊子拿平靜的水比喻安定的心。他說：「平者，水停之盛也。其可以為法也，內保之而外不蕩也」（莊子・德充符）。意思是說，平靜是水停留時的最佳狀態，它可以做為人們效法的準則，內心保持平靜，就不會因為外界的干擾而產生動蕩。在《老子》一書中，不下十處提到「靜」，例如：「清靜為天下正」（道德經，45）。也就是說清靜安詳，不忙亂、不妄為，才是天下的正道。因為平靜的水面才能照出自己的影像，而平靜的內心，才可以鑒察事物。老子所說的清靜安詳並不是死寂晦澀，他認為靜是一種動力，在沉潛清靜中蓄積了很多能量，足以克制像放縱驕傲等不健康的心緒。這就是平靜沉穩的流暢感。

《聖經・馬太福音》上教導人一無掛慮，凡事交託給神，一天的難處一天當就夠了，明天自有明天的擔待，內心的清明，也就達到了心思的流暢。世上的人如果不要：「生年不滿百，常懷千歲

憂」，自然就能享受專注在眼前的流暢感。

　　Csikszentmihalyi 根據上列的敘述所做的研究發現，他的研究對象中有 15 ％從來沒有體驗過流暢自由的感覺，也有 15 ％到 20 ％的人說，他們每一天都能體驗到這種流暢自由的感覺。所以下面讓我們來談一談影響流暢自由感覺的因素。

一、流暢自由感覺的因素

　　有關流暢自由感覺的研究通常指出，有品質的生活多半依賴兩個因素：對工作的經驗和與他人的關係，而這兩個因素又經常互相影響。個人的自我形象通常來自我們如何完成所必須做的工作，以及我們和誰溝通，得到那些協助或承諾。人既生活在社會中，這兩個因素的增增減減，也就影響了我們心情的起起伏伏。

　　拉丁文中「活著」就意味著處在人群中，所以人不能完全孤立於人群之外。從家庭層面來說，養兒育女是個人生命的延續，也是家庭價值的傳承；所以家庭中夫妻恩愛，親子間有良性的互動，造就健康的下一代，意味著個人達成了對家庭的責任，也有與家人良好的關係。歷史上對人最殘酷的懲罰就是，明明是活著的人卻被宣判死亡，被親人所排斥。筆者有一個朋友，他的父親是猶太人，當他父親娶了他非猶太人的母親，他父親的家族不但不認同這個婚姻，甚至還舉行了喪禮，宣告他父親的死亡。對他父親的家族而言，他的孩子再也不存在，所以這個朋友從來沒有見過他父親的家人。他的父親既沒有完成對家庭的責任，也無法與家人有著良好的關係，以 Csikszentmihalyi 的判斷，這個父親就沒有流暢自由的感覺。

　　從工作的層面來說，也許有很多人會爭論：不可能在職場中得

到流暢自由的感覺。因為工作是一種挑戰,有些人必須達到公司規定的數據,有些人必須使顧客滿意,每年又有考績的壓力,人們不能長時間處在高挑戰和高壓力的生活中。有一些文獻顯示:人們的冷漠並非因為工作而使他們身體上和精神上有著疲憊,而是他們對工作的目標和期望的感受。很多人要為「五斗米折腰」,非工作不可,外在的期許和內在的掙扎,使他們與人、與世界產生了距離。

從 1972 到 1978 年,美國一個全國的大規模調查報告顯示:只有 3 %的人表示對他們的工作非常不滿意,卻有 52 %的人表示很滿意他們的工作。在當時一般人對工作埋怨最多的是:工作缺乏挑戰性,尤其是下階層的工人,他們所從事的是單調的動作,如工廠的裝配員;第二是和其他同仁有衝突,尤其是上司;第三個是工作太累了,壓力太大,沒有時間陪家人。當時的美國仍然需要很多勞力的工作,藍領階級的工人很多,也常常需要加班。今日的美國多數需要勞力的工作已外移,工作的型態和需求雖然不同於 1980 年代,但是上列的三種埋怨仍然存在。針對這三個不滿意的原因,讓我們來探討如何勝過環境,得到流暢自由的感覺。

1. **工作單調,缺乏挑戰性**:個人需要衡量所從事工作的重要性,很多時候改變了個人的觀感,就會改變對工作的感受。例如:汽車裝配工人每天的工作是上螺絲釘,想一想,如果多轉一圈或少轉一圈,就可能對許多人的生命造成不良的影響;如此一想,工作就有了不同的意義。超市的收銀員,長時間做相同的動作,但是如果提醒顧客好的產品,特價的商品,檢查食品有沒有過期,得到顧客的滿意和信任,也替公司建立了好的形象;在關懷別人中,也得到工作的成就感,就可以得到流暢自由的感覺。美國有一本暢銷書叫《每一天

都是你的代表作：郵差弗雷德給全球企業的啟示》（*The Fred Factor*）（Sanborn, 2004），它敘述一位郵差在他每一天單調的送信過程中，去關心收到信的人，他個人因為關心他人，而得到新的動力和創造力，也感動了這些被他關心的人，造成了社區的和諧。

2. **與上司和同仁不合**：在職場中為了保持面子，期望得到上司和同仁的肯定，多數人都會盡力而為。但是當個人的表現和他人的期望不相合的時候，就會產生衝突。所以當個人在企圖完成工作目標的同時，如果也能配合和幫助上司和同仁達成他們的工作目標，就可以減少衝突，增加和諧的人際關係。例如：你在房屋仲介公司內工作，如果你知道買主想要購買某一個地段的房子，而你的同仁正好代理那一個地段的房屋仲介，你可以轉介這位買主給你的同仁。不管交易是否成功，你的同仁都會感謝你；而如果交易成功，你和你的同仁還可以得到仲介的傭金。這種舉動利人又利己，流暢自由的感覺就油然而生了。

3. **工作太累了，壓力太大，沒有時間陪家人**：感受到壓力的強或弱是很主觀的感覺，所以也應該是個人最能夠做安排和調適，以緩和或排除這種壓力的感覺。如果我們能夠根據我們應該做的工作，安排事情的緩急程度，知道哪一些是前提，或是哪一些工作可以與他人分工合作，哪一些工作需要先與上司和同仁溝通，如此可以降低壓力，也讓你的上司和同仁了解你的組織和溝通的能力。例如：美國的高等教育教師通常必須有出版、發表、教學和社群服務，這些都是年度的考核要項，自然也造成壓力的來源。而對少數族裔的教師而

言，他們多半工作比他們的白人同事更為辛勤，出版的文章也比他們的白人同事多，自然也給他們自己添了很多壓力。為了做心理的調適，他們可以與其他教師分工合作做研究，不但可以與其他教師分享智慧和能力，也可以增進同事的情誼。對於家人來說，一旦你的壓力感減輕，你就可以多分出一些時間給家裡的成員。偶爾全家到餐廳進食，可以交換意見，聆聽和了解家人的需要。個人更可以藉著做體能的運動，像散步、慢跑、瑜珈、靜坐等，以得到流暢自由的感覺。

從上面的敘述，讀者現在也許體會到，要使個人得到流暢自由的感覺，就是要分散工作的壓力，分配注意力給家人和同事；這個道理其實不是新點子。各位想一想大自然的活力，藉著太陽能，自然界中的植物得以生長，動物也因此可以存活。人們利用太陽能、風力、水力等能源在工業生產和生活上的用途，其實就是在觀察自然後，利用天然的能源，分享和分散太陽和自然界的力量。所以人們如果能了解和應用自然界的力量，不管是在建立目標，發展新的技巧，或是去除自我的懷疑，都是在應用「借力使力」的情況時，會得到更多流暢自由的感覺。例如：在公司內，你的上司責備你的經營管理不得當的時候，先放下為自己辯護的防禦態度，聆聽上司的意見，針對這些意見溝通你的努力經過，和所遇到的困難或瓶頸，請求他的指示和協助，在謙卑柔和中仍保有專業的負責態度。如此一來，一方面可以減少衝突，降低壓力，另一方面可達到溝通意見，完成工作的目標。因為與他人的關係良好從而得到正向的工作的經驗，這樣較容易感受到內心清明的流暢感。

當然，流暢自由的感覺不是完全在滿足職場上的工作要求。如

果一個人碰到任何事情都只是聯想到工作，就很可能會失去享受美感的機會。例如：有一次筆者參加旅遊團到胡佛水壩，很多遊客爭著餵千頭亂鑽的鱒魚，水花四濺，遊客開懷的笑聲四起。隊中有一位廚師居然冒出：「哇！這些魚可以做好幾桌的砂鍋魚頭。」好幾個遊客轉身瞪了他一眼，他悻悻然地走開。這位廚師顯然在旅遊中仍不忘工作，卻煞了美感的享受。開車的朋友大概都經歷過急著上班或赴約，卻偏偏碰到大塞車的經驗。這個時候不妨暫時把趕路的思緒擺在一邊，看看天邊的雲彩，聽一段音樂，以耳目心情的愉悅，喚起內心深處滿足的感覺，豐富了生命。許多創作力都是在這種放鬆滿足的流暢感中產生。如此一想，只要你有心有意，在一天當中能給自己一小段時間，放下手上的工作，關掉手機，遠離電視，讓思緒、意念和眼光停留在大自然中，感受一下生命吧！

在學習的過程中也可以達到流暢的感覺。當學生沉浸於學習的流暢中，時間流動極快。在全神專注下，我們不必做任何努力，而我們的感覺、願望和思想都在和諧的狀態。各位不妨想一想，在你曾經上過的課程中，可曾體驗過這種專注忘我的經驗。

二、流暢自由感覺的操練

看過大魔術師 David Copperfield 表演的人，對於他能夠看似自在地在空中飛翔，一定印象非常深刻。流暢自由的感覺雖然不能使我們的身體在空中流動，卻可以使我們的心靈上窮碧落下黃泉，無拘無礙。有一些學者認為，人們可以有意識的經由一些活動，幫助個人得到流暢自由的狀態和感覺。簡單的方法包含提醒自己嘴角上揚有如在微笑。剛開始可以對著鏡子做練習，或者用雙手把嘴角往上拉，想一件有趣的事，讓自己得到專注的流暢感。境由心生，這

種練習成為習慣後，你會給人很陽光的感覺。你也可以有自信心的先與人點頭打招呼，你可以先從與你年齡相彷，性別相同的人開始做這種練習，以避免不必要的誤會。這類的練習有助於激發正向的感覺。

學者Seligman以他的學生做試驗。他訓練他的學生在每一次上課中，對他們生命中某一個特別的人公然地表達感激。當學生們意識到在他們的生命中有某一些人，曾經對他們有重要的影響；或者是在他們自以為絕望的時候，有人陪著他們走出陰霾，他們就領會到他們的生命原來並不是那麼孤獨無助。我們似乎最不習慣感謝我們最親近的人，如父母和配偶。讓我們改變一下這個習慣，好嗎？讓他們也能享受到流暢的感覺。

除了上述的練習，其他還可以做的事，如隨手關燈，節省能源，或者關掉電視，加入領養公路或是愛護大地的工作。當個人把自己的勞力和智力與團體的目標和使命相聯結的時候，生命就有了新的方向和意義。

一起來練習

1. 請你從今天開始，每天向你的家人說一句鼓勵的話，並且記錄他們的反應。

2. 請你訪問一位參與公益事業的人，探討他們在貢獻時間勞力和金錢後有些什麼感覺。（請參考上述流暢感覺的敘述，看看你能不能從他的描述中找到相合的流暢感）

CHAPTER 6

正向心理學
在教育上的應用

本章目標

本章敘述如何應用正向心理學在教育場所。

閱讀本章後,讀者可以:

1. 了解並運用邀請的教育。
2. 了解並教導成功的智力。
3. 辨識並運用適才的差別教育。
4. 發展並運用關懷的課程。
5. 實踐並激勵高樂觀的學習。

正向心理學運用在教育上時，期望在學校中參與教育與學習的每一個人都能發揮教與學的最大功能。本章討論的範圍包含：邀請的教育，使學校中每一個人都是受到重視的人；成功的智能，鼓勵個人界定成功的定義；應用適才的教學，在課程、教法和評量各方面，讓個人以不同的學習方法，發揮不同的智慧；發展關懷的道德，使學校中有正向的學習環境；以及運用 Seligman 發展的 ABCDE 模式，發展高度樂觀的學習。分述如下。

第 一 節
邀請的教育

運用邀請的教育（Invitational Education），其目的在於使學校環境內工作和學習的每一個人，都感到受歡迎並得到滿意和覺得安全。所以邀請的教育必須植基於信任、尊敬，相信由合作可以達到共同的目標、同理心的了解和誠意。在邀請的教育的環境中，人們意識到他們有無限的潛能，能完成很多事情，使他們產生更多的內在動機。這個理想的先決原則是：尊重、信任、樂觀，以及非常的努力。一個邀請的學校必須注意到五個 P：人（people）、地（place）、政策（policy）、學科課程（program）和過程（process）。所以要做到邀請的教育，最先要注意誰是參與教育過程的人。學校內參與教育和學習的人包含行政人員、職員、教師和學生，每一個人都占有重要的職份，也影響教與學的成效；要做好邀請的教育，自然需要每一個人的參與和努力。

今日的美國公立中、小學校教育中，很普遍看到的現象是行政人員和教師，以及教師和學生的疏離。尤其在 2001 年的「No Child

Left Behind」法令（國內翻譯為「有教無類」）通過後，政府要求三到八年級至少 95 ％的學生每年必須接受標準測驗，而教師和校長必須對學生的成績負責任。如果沒有達到該年進步的指標，政府得以接管或關閉學校，並更換教師和校長。這種以考試成果決定教育成敗的規定，使得教育以考試為重，教師的體力和時間都集中在為學生預備要接受測驗的數學科和語文科。使教師和學生得以獲得美感教育的互動和欣賞的科目，如美術和音樂等，其時間都被忽略或犧牲掉。Palmer（1993）認為，教師和學生的互動應該是安全的、邀請的和真誠的。當在教學環境中的每一個人（人）都得到邀請（政策），有了真誠的互動（過程），得以安然舒適的在學校生活和工作，如此才可以較有效率地引導學生的學習（學科課程）。

　　以上所敘述的這五個要素，可以用來當做學校管理和經營的指標，幫助教育工作人員刻意地安排、規劃、滋潤，使得生活和工作在其中的人，皆感受到尊重和信任，並有意願全力以赴，互相幫助及扶持，使每一個人獲得成長的機會。邀請的學校基於下列邀請的理論：

1. **每個人都是具有能力、有價值、有責任感，也應該如此地被對待**：在邀請的學校中，老師和學生都應該被邀請去參加做決策的過程。例如：餐廳的飲食、庭院的設計、教室的擺設、校內的課後活動，甚至制服的顏色和樣式。教師應該注重學生的學習方式，並定時邀請學生給予回饋和建議。教師和行政人員、教師和學生之間，應該有溝通的管道和時間。這個過程誠然費時也費心，但一旦是全校的共同決議，達到了大家的共識，參與和遵行的意願就會比較高。美國各階段的學校中都有諮詢委員會，讓學生參與決定政策，也由學生

負責與其他學生去做協調和討論。

2. **教育是基於合作和協調的關係**：Purkey 和 Novak（1988）在提出邀請理論時建議，在教育的過程裡，應該讓相關的人參與，例如：行政人員、教師、家長、學生和社區人員。他們的座右銘是：「當我們合作在一起的時候，我們能夠完成」（Together we can）。當大家群策群力，溝通和互助的時候，不但學校內的師生士氣大增，也讓學生們知道大家都關懷和重視他們的教育。有愛和關懷的孩子，犯規和中輟的情況可以大幅下降。非洲的俗諺說：「教養孩子需要整個村子的參與。」筆者觀察美國小城市的學校，發現學校中每一個人都彼此認識，還有很多學生和其他的學生或教師有親戚關係；如果學生做了一件糗事，全城都會知道。而孩子在一起玩時，起碼有一個母親或父親照顧。在這種小城中的孩子，既無法也無處可以逃學，或犯太大的錯誤，因為在這個城市裡，每一個人都有他們存在的重要性。

在邀請的學校中，從校長、職員、教師到學生各盡自己的本分，彼此尊重，互相溝通和合作，可以使生活、學習和工作在其中的人感到自己是重要的一份子；可以為團體盡一份心力。這樣的工作學習環境自然是健康美好的！從事邀請教育的教師應該具有下列七種技能：

1. **能了解並接近每一位學生**：教師要相信每一個學生都是可教之材，因此要辨識並使學生了解及知道自己的長處。教師除了藉由日常的活動觀察學生之外，也可以運用簡單的人格和能力測驗，以幫助教師和學生了解自己的優點，並應用在教學上。很多學校的諮商中心提供資訊讓學生認識自己的長

處，國內也發展了很多量表，以幫忙教師和學生得到更多的「自知之明」。教師可以從這些認知的基礎上與學生建立和進行良性的互動。

2. **用關心去聆聽**：教師要能傾聽學生想要表達的意思，更要試著了解學生想說卻不知道如何表示的心意。教師如果平時就了解並接近學生，就會比較容易了解學生的心思。教師可以規定學生寫日記或週記，利用文字讓學生抒發他們的心聲，與教師做文字的溝通。教師也可以藉由家長會得知學生與家人溝通的情況。以美國加州為例，由於加州有許多外來的移民，他們的母語不是英語，所以學校內有很多英語學習者（English Language Learner, ELL），教師在教導這種學生的時候，先要試圖了解他們想說的是什麼（what），而不要急著去糾正他們怎麼說（how）。台灣有很多原住民，近年來也有跨國際的新移民子女，教師要能用心聆聽這些學生和他們的家長想要表達的意見，不要因為他們的口音和語法影響了他們想要溝通的訊息。

3. **對學生誠實**：教師也是具有血肉感情的個人，也是有體力、智力和時間的限制。所以如果有病痛，或者家中有意外事故，可以讓學生知道。當教師對學生的行為或表現不滿意的時候，也應該告訴學生，並且提供學生可以改進的方法。多半學生都會因同理心，更能聽話合作。如果不知道某些資訊或事物，也可以承認自己還不了解並與學生共同找尋答案。學生會因為你的誠實，認為你是負責任的教師。

4. **對自己誠實**：教師是教室內領導的人，具有權威，但是表面上看似無所不能，事實上也有個人能力不足的時候。所以如

果碰到專業或個人有困難時，應該尋找同事或其他專業人員的幫助。教師如果承認自己也有軟弱不足的時候，反而更能夠謙虛受教，得到個人和專業的成長；勉強苦撐，不但給自己的身心增添了壓力，造成了不良的影響，也減少了工作所需的精力，不出幾年，就失去了當初的教學熱誠。如此一來，對自己和社會都是一種損失。

5. **邀請好的紀律：**有經驗的教師了解，當學生有良好的紀律時，教學才能順利進行。因此學期開始時，就是訂定合理和易行的班規的最好時間。與學生共同建立良好的教室規則，可以使學生感到被尊重；如果學生已是國小三年級以上，他們的認知能力已足以參與做討論和決定，可以邀請學生一起來決定教室規則。一旦學生參與班規的決定，有了共識，他們就會認真地遵行。對於中學階段的學生，要能使學生了解課程內容和生活的相關性，引導他們負起學習的責任。

6. **能處理被拒絕的感覺：**對於教師來說，每一個學生都是中規中矩，學習認真，這樣的教學真是愉快啊！只可惜在一個班級裡，偶而會有幾個不領你的情，也不受你的教的學生。教師面對這種學生，除了要試著了解學生的行為和動機，與家長溝通之外，也可以轉請其他任課的教師幫忙，或是請教以前教過該學生的教師，了解該學生過去的學習歷史，不必因此認為自己無能。

7. **邀請自己：**教學的工作不一定立刻得到學生或家長的讚賞或表揚。教師要為自己加油打氣，偶而拍拍自己的肩膀，告訴自己「我是一位盡責的老師。不負社會的期望」。教師也要時時提醒自己發揮和應用自己的長處在教學，以及與其他同

仁和學生的互動上，以保持自己的信心。除了自我的肯定和獎賞，教師也要尋求自我成長的機會，閱讀書籍、參加座談、或是靈修，使自己的身、心、靈得以和諧平安。

以上這些技能更需要教師們，時常有意識地提醒和訓練自己相關邀請的教育思想，並且要教導學生和家長了解和應用邀請的態度和方法。Novak（1992）指出，領導者和教師在引導團體的活動和教學時，要注意下面事項：

1. 要使每一位成員都全程參與。
2. 邀請團體中的幾位成員擔任觀察者的工作。
3. 提供有建設性的提議給成員。
4. 邀請參與的成員給予回饋。

更重要的是，領導者和教師在有具體的行動之前要鼓勵自己，去邀請自己做相信自己也相信學生的練習。以容格（Jung）的理念而言，就是個人要先看見自己，並且接受自己，然後接受員工、下屬或學生是一個獨特的個體。

一起來練習

1. 如果你是教師，請你思考在你的教學過程中，你可曾經有被學生拒絕的經驗或感覺？事情的經過是什麼？你如何克服或處理這種經驗或感覺？
2. 如果你是家長，請你思考在教養孩子的過程中，你曾經做過什麼事情邀請自己，並獎勵自己是一個稱職的家長？

第二節
人人都是有成就的人——
談成功的智能

　　每一個社會中，總會有一群人在人生的早期就被認定不會有太大成就。美國的公立中、小學，在 1950 年代到 1970 年代以智商和分班制度，界定了哪一些學生是可教育的，或是可訓練的，哪一些學生是無法教導的失敗者（loser）。在一個家庭中或教室內，有的孩子似乎學習的速度比別的孩子快，能夠主動發問，及時做好功課，考試成績又很優良；相反地，有一些孩子似乎經常「慢半拍」，注意力不太集中，作業和考試的表現都不太理想，通常家長和教師對這些孩子都不會有很高的期望。在現代教育中，每隔一段時間，或在不同的地點，社會會運用不同的評量法，去判斷個人是否有高智商。西方社會長期以來，都是著重記憶和分析的能力。例如：美國一直到今天，高中學生都需要接受學力測驗 SAT（Scholastic Assessment Tests），因為這是大部分大學要求學生進學校需要的考試，這種學力測驗仍然著重在語文（英語）和數學。2006 年開始又加上寫作，仍然著重在文字的運用和表達。至於小學和中學也有標準測驗，仍然是測驗學生的語文和數學能力。雖然從 1980年代後期到 1990 年代，Howard Gardner 發展的多元智能非常受重視，但是在國家標準考試中還是未能真正因為學生能歌善舞、會繪畫，就可以進哈佛或耶魯等名校。尤其是 2001 年高等法院通過的「有教無類」（No Child Left Behind）法令，全國公立中、小學的學生都要接受標準測驗，而測驗的科目仍然是語文和數學能力。

　　說到進入大學的名校，歷任美國總統中，有許多是名校畢業的。如現任總統布希和老布希都是耶魯的畢業生，甘迺迪是哈佛畢業生。但是在 1950 年代要進入哈佛，是要看你的家族和你本身是否有錢？甚至到了 1960 年代，你的家庭如果能捐贈一大筆錢，還是可以送你進哈佛。今日的長春藤大學，除了充斥了很多優秀的亞裔學生，也提供了獎學金給低收入戶和少數民族的孩子，不一定需要出自名門。

　　以我國社會來說，過去幾十年都是以聯考的入學考試做為篩選學生的方式，考試的內容大半都是需要苦讀和背誦。以這種考試的方式篩選學生，很可能把一些具有創造能力的人拒絕在學校的大門外，他們的聰明才智很多時候，是高於通過聯考窄門的人。

　　每一個社會在不同的階段有不同的評定個人是否聰明的方法。例如：有些社會以精通宗教教義做為準則；從古代到現代有一些社會中的祭司、牧師，是當地社會回答和解決問題、決定政策的人，宗族社會的神職人員常常是在社會階層的頂端。你也許會說宗教和智商有什麼關係？但是他們也可以說：「上帝的選擇不會有錯！」例如：在美國的中西部和東部，有一群從歐洲來的移民，他們是 Amish，他們多半保留了原來的生活方式和宗教，同宗族聚居在附近，互相幫助照應。在他們的社群中，牧師（Rabbi）是他們的宗教領袖，也是決定政策的領導人。Rabbi 決定他們的孩子有八年的基本教育就足夠應付生活。所以儘管美國規定孩子的基本教育是十二年，Amish 的孩子仍然只受八年教育。

　　女性進入高等教育也是近代的事，筆者訪問英國牛津大學時，發現十九世紀早期，當少數幸運的女性可以接受高等教育時，她們雖然在同一個教室內，卻有一道簾幕隔在教室中間，而她們只能坐

在簾幕後，你自然可以猜到，所有的教授全是男性。在那段時間、那樣的標準下，很多有聰明才智的女性卻無緣接受高等教育，甚至在中學階段就被提早「宣判出局」；「女子無才便是德」的觀念，使得很多女性的才智無法伸展。這種種例子，中外歷史上必定不計其數。政策和人們態度的改變，雖然無法在一朝一夕達成，但是父母和教師卻可以經由個人的努力，造成相當程度的影響。為了使學生能發揮潛力，教師、父母的期望和鼓勵顯然是一個極其重要的關鍵。了解和利用成功的智力可以幫助學生、教師和家長訂定合理的期望，讓每一個人都能享受到成功的滋味。

Robert Sternberg 是美國心理學教授和學者，他本身就是標準測驗的受害者，他從小就害怕測驗，面臨測驗他就渾身僵硬，不知如何作答，幸好他在四年級的時候碰到了一位老師，相信他的能力，他才從低期望、低成就的牢籠中解脫出來。以他個人的經驗，因此發展出「成功的智力」（Successful Intelligence），以幫助與他有同樣經歷的人。

成功的智力是指：個人在他／她所處的社會文化環境中，所能達到成就的能力。因為每一個人所處的社會文化背景不盡相同，因此成功的定義也就因人而異。個人也可以決定，在不同的時段、不同的環境，能適應或改變自己，因此而改變環境，或做到適應環境，這就是成功了。舉例而言，如果各位是從東部到西部來上學，或從南部到北部就業，面對的環境中，哪些是必須立刻適應、熟悉的事項？哪些事項可以使你的生活盡快進入常規？所以當你弄清楚如何搭公車？到哪裡買民生必需品？當地提供了什麼文教或醫療設施？重要的政府單位在哪裡？掌握了這些基本資訊，在當下你就是有成就的人了。所以從成功的智力觀點來說，就是個人想清楚有哪

些事，他們能夠做，也能完成，就有了成就，也算是成功的人了。筆者應徵研究所教職的工作描述欄上，有一項是需要能負荷 20 磅的事物。筆者肩不能挑，手不能提 20 磅重，也不了解教授為什麼要負荷 20 磅的事物。等到筆者參與海外教學，背上有電腦，兩手提教材，達到了以前自己認為無法勝任的工作，也就算是發展了成功的智力。

根據成功的智力觀點，身為教師或教育工作人員的責任，就必須幫助學生發現、認清自己能做的，也必須做的事，提供機會給學生，讓他們參與練習，在練習的過程中給予支援，讓他們能完成他們期望達成的目標。因為每一個人的能力都不一樣，能夠成就的項目也不相同，因此嫉妒和羨慕都是不必要的。換句話說，你要做自己，盡自己的能力，讓自己成功。在一個團體中，每一個人的能力都不一樣，就像一個人有四肢、五官、五臟六腑，每一個部位有它的功能和重要性。如果大家都盡他們的能力，互相截長補短，這個團體就是一個成功的團體了！從事特殊教育的教師，尤其應該幫助他們的學生發展學生個別的長處，而不侷限在他們的短處，使這些有特殊需求的學生，也能體會到成功的滋味。

Robert Sternberg 認為，成功的人必須有三種不同的智能，亦即分析、創造和應用的能力。當一個人能辨識這三種之間的任何能力，然後和其他具有這些能力的人合作，成功的機率就大幅地增加了。以教師為例，這三種不同的智能是必須的，分述如下：

1. **分析的智能**：這種智能包含發現問題、查明問題的緣由、找到解決問題的方法。例如：一個平常主動、活潑的學生，突然變得沉默不語、面無表情；你發現了這種情況，現在你就要去了解發生了什麼事？是身體的情況？家庭的情況？教室

內的情況？或是教室外的情況？你可以觀察，也可以私下和這個學生談話，甚至與家長聯絡，去發現問題。一旦查明了原因，再做解決問題的決定。

2. **創造的智能**：這種智能就是設計、發明、想像和推理的能力。以上一個例子而言：如果該學生是身體不舒服，是長期性的？還是突發的？家長知道嗎？如果是學生遭到其他學生的暴力和恐嚇，是哪一個？或是哪一群學生？在你推論原因的時候，你就運用到推理和想像力，如果你能幫助這位學生想辦法脫離那種情境，或解決他的問題，你也應用了設計或創造的能力。

3. **應用的智能**：這種智能包含實用、操作，和將所學的知識和技能用在適當的情境中。讓我們再引用上一個例子：一旦你發現了問題，查明了原因，你就要應用最適合解決該問題的方法，如果是身體不適就要送保健室，由校護來決定是否送醫？或請家長帶回家；如果是學生遭到其他學生的暴力和恐嚇，教師要照會行政人員，共同幫助維護校園的安全，使學生能安心上學；如果是家庭的問題，可以請輔導教師幫忙，設法開導，或尋求專家的意見等等。

所以一位老師的確需要有以上的三種智能，才能幫助他們處理教室內的人、事、物，以便成功地完成教學的責任。

第三節
人人都是可教之材——談差別教學

有效率的教師必須同時顧慮到，不同文化的學生需要運用不同

的學習方法、教導的方法和教學的理論，以達到學習的成效，增加個人的正向經驗。基於此，下列四個方面最能影響有效的教學：

1. **課程**：在此所提到的課程內容，不是只有靠死記日期、名字等的事實和知識，而是幫助學生發問，並和學生共同找尋答案。教師也要幫助學生看清楚概念和理論，如何由一個情境轉換到另一個情境？如何變化，以及為何有些是不變的？例如：多元文化教育在美國的發展，1950 年代的訴求是各族群加在一起像熔爐（Melting Pot），期望每一個族群完全融合，沒有明顯的區別，課程的教導是使每一個國民都會說英語，得以融入美國的主流社會。然而這樣的訴求並沒有減少種族歧視，美國的每一個州仍有層出不窮的殺傷迫害事件。所以到了 1970 年代，訴求的理念成為「沙拉碗」（Salad Bowl），讓各個族群保有各自的差異。課程的目標在使族群間和睦相處，容忍和尊重族群間的差異。所以時間和情境轉換了課程的重點，但是使社會族群間能和睦相處的終極目標卻是不變的。教師可以用台灣的社會發展，與學生共同討論台灣社會族群的共同需要和不同的訴求。哪些需要轉換？哪些是不變的？課程中需要強調什麼觀念？如何才能達到教學的目標？

2. **與學生產生關聯性**：事實上教室內的學習是幫助學生認清楚個人如何從學校過渡到社會的處所。教室經常是社會的縮影，也是為社會預備人才的工廠。從學生的立場而言，如果能與教師有良好的互動，通常使學生樂於學習，學業的表現會較優良。對教師來說，如果你不了解學生，就會影響教室內與學生的互動，和被學生所接受以及尊重；教師有了對學

生的愛和責任，才能使他們做好教師的角色。所以教師平時與學生的日常對話，給予學生立即的回饋，這種良性的互動有助於教師重新找到精力和資源，也使學生能感受到教師的愛和關懷，如此就能提高教室內的教學成效。

3. **評量：**評量的目的在使教師、學生、家長和教育決策者了解學生學習到什麼程度，以做為調整課程的難易度、改變教學的方法、增加教師的在職訓練，以及更新教材等的參考。與其說評量是在考驗學生，無寧說評量使教師能成為更好的學習者；因為評量的目的在提高每一位學生和教師教學的效率和功能，使教師和學生都能成為教學的贏家。評量的內容要能反應教學的目標，例如：如果教學的目標是使學生了解第一次世界大戰的歷史，而評量的內容卻是美國的內戰，這樣的評量就無法反應教學的成效。

4. **教學的技巧：**如何使課程和學習者的生活與學習的內容產生關聯，需要靠教學的技巧。教師可以有高深的學問、很高的責任感，和關心學生的態度和行為；但是如果教師教學的技巧不能幫助學生了解課程如何應用在生活上，或是對他們下一步的學習有什麼相關，學生因此看不出學習的目的，也無法享受學習的樂趣，得到課程的知識。例如：教導槓桿原理的理論的時候，可以從搬運東西的概念，談到如何借力使力的方法，所謂四兩撥千斤，讓學生從他們的生活中和教室內找到應用該原理的事物。這種引導發現的教學方法，可以使學生了解並應用原理，以提高學習的興趣。

適才的差別教學（Differentiated Education）的指導方法，就是有系統地安排和規劃課程和教學的方法，使得學業能力不同、學習

需要不同的學生都能發揮他們的學習能力，達到學習的成效。要達到差別教學的功能，必須要有五個教室內教師可以掌控的教學要素：(1) 內容；(2) 過程；(3) 學習成果；(4) 情意；(5) 學習環境。

指導的方法又必須考慮學生的性向，以及學習的智力、體力是否預備好了，學生的學習方法、性別和文化差異等對教學的影響。考量的因素和例子如表 6-1 所示。

❖ 表 6-1　差別教學的要素和例子

要素	考量的因素	例子
內容	教導的課程內容是什麼？如何取得更多資源和主意？	課程是否適合不同程度的讀者？呈現的方式是否考量到不同的學習方法？
過程	學生如何了解知識和技巧？	是否應用協同學習法？學生的學習速度如何？
學習成果	學生呈現的學習結果如何？是否能應用學習的技巧？	是否以網路介紹不同等級的複雜度？是否以條列式的評估法（Rubric），以呈現不同程度的成功經驗？
情意	學生是否能與班上同學分享思考和感情？	學生是否能彼此尊重？是否每個人都有機會參與？
學習環境	教室內的安排和感覺如何？	課桌椅的排列是否能做個別學習或小組討論？文具用品的配備是否有助於學習？

如果以一個減少偏見的主題為例，運用差別教學的安排與過程可以呈現如表 6-2 所示。

❖ 表 6-2　以偏見為例，運用差別教學

要素	考量的因素	例子
內容	偏見是什麼？偏見對人群及個人有什麼傷害？	・每個人的經歷不同，你是否因族群、性別、社經地位而感受到偏見？有哪些言詞或行為你認為是偏見？ ・以影片、報紙、小說、訪談分享經驗。
過程	討論偏見的形成和國家或地方所訂法令上的偏見。	・以協同學習法讓學生分頭研究，再呈現報告與全班分享。 ・以分析歸納的方法探討因偏見對個人和社會的傷害。
學習成果	除了學生的口頭報告外，由其他學生發問以澄清問題之所在。	・讓學生從網路上找到不同的地區、不同的文化所感受的偏見。 ・用心理戲劇表演受偏見所傷害的人之感受。
情意	在分享的過程中，鼓勵學生反思個人成長的環境及他們所目擊或經歷的偏見，對他自己和家人所造成的影響。	・讓學生靜聽和發問，鼓勵每一個人都參與分享。
學習環境	提供電腦、文具、圖書以供研究查資料。教師也參與分享經驗，造成學習的社會。	・課桌椅的安排使學生能面對每一個人。 ・提供紙筆文具，以利不擅言詞表達的學生以書寫方式發問或分享，或給予回饋。

　　在進行差別教學指導的時候，教師應該邀請學校中的相關工作人員如：圖書館、特殊媒體工作者，還有其他任教同一門學科的老師，加入預備籌劃的工作。如果班上有特殊需求的學生，特殊教育的老師也應該參與規劃和評估的工作。如此做法，不但各種不同能力、不同學習方法的學生受惠，教師也可以從溝通和共同策劃的過程中得到益處。美國的中、小學校內有群體教學（Team Teach），以中學為例，學校安排教導英語、數學和社會學科三位教師在一個組，他們教導同一群學生，有共同的備課時間，可以討論和分享課程的內容、教學的方法，以及針對有特殊需求的學生調整和安排適當的方法和進度。

　　下列的陳述可以提供教師或訓練員從課程的內容、教導的過程和學習的結果，查驗你是否做到了適才的差別教學。你不妨一個星期針對一個類別加以檢驗，以集中你的努力方向。

1. 我很清楚我期望我的學生／訓練的對象能

　　____認知（事實、訊息）。

　　____了解（原則、意見）。

　　____實地應用他們所學習到的知識。

2. 在選擇教學的內容時，我仔細思考並且

　　____應用多方面的資料。

　　____運用多種輔助的機轉（錄音帶、摘要、圖表、DVD、小助教）。

　　____容許學生／訓練的對象有不同的學習進度。

3. 我在授課前評量學生／訓練的對象是否已有能力做到

　　____指定的作業。

　　____了解並且能應用技巧，或者只了解表象的事實。

_____只著重在考試的範圍。

4. 當我規定學生／訓練的對象做團體學習的時候，我先要確定我能

_____鼓勵學生／訓練的對象們彼此尊重。

_____容許有些學生／訓練的對象只想單獨作業。

_____根據團體的人數多少，配合學生／訓練的對象之需要。

5. 當我準備適才的差別教學課程活動時，我通常要確定

_____我的學生／訓練的對象對這些活動都會感到有興趣。

_____我的學生／訓練的對象會運用不同的學習方法。

_____每一個活動都是針對一個或幾個重要的概論。

_____表達對學生／訓練的對象的高期望。

_____有一套計畫能有系統地蒐集教學活動的成果資料。

_____根據Bloom的認知思考層次（記憶、了解、應用、分析、組合和評估）。

6. 當我指定適才的差別教學作業時，我通常會

_____規定學生／訓練的對象應用概念和技巧去解決問題。

_____給予學生／訓練的對象最大的選擇空間去顯示他們對基本概念和技巧的了解。

_____給予學生／訓練的對象持續的回饋，並容許學生修改成品。

_____根據Bloom的認知思考層次，給予學生／訓練的對象不同思考階段的作業。

_____給予學生／訓練的對象包含教師、學生／訓練的對象和同儕的回饋。

_____邀請家長／他們的上司參與評估。

7. 我也可以

_____應用合約（contract）教學。

_____應用小團體教學。

_____當學生／訓練的對象完成指定的作業時，給予適當的鼓勵，並且激勵他們延伸學習的範圍。

除了教師不時地反思個人的教學方法，教師和學生還可以用問卷或觀察的方法，了解並掌握有利個人學習的方法。各位可以進入下列的網址 http://www.varklearn.com/english'page.asp，去探索自己是偏好目視閱讀（Visual）、聽和說（Aural）、讀和寫（Read and Write），或是動手（Kinesthetic）的學習方式。對於善於用閱讀方法學習的學生，教師可以用書本、講義、報紙或雜誌引導學生的學習；對於善於用聽和說的方法學習的學生，教師可以用口述講道的方法，並讓學生以口頭回答，辯論和討論也是他們樂於參與的學習活動；對於善於用讀和寫的方法學習的學生，教師可以用讀書報告的方式去教導他們；至於教導喜愛動手去實作的學生，教師可以讓學生動手設計，實際試驗，或是編導排演。測驗的方式也要根據學生最能學習最好的方式，提供不同的測驗方法。如果教師的教學方法是學生最能了解的學習方式，教和學的效率就會提昇，教師和學生也會有正向的滿足感。

第四節
關懷的課程

一、關懷的需要

一般哲學家、心理學家和教育家形容「關懷」為一種與人產生

相關性的現象。有人認為,要問父母與子女、教師和學生之間的關懷,應該是極自然的事;然而,如果父母和子女互不聞問,或是孩子一出生就因為各種不同的原因而分開,自然就沒有親近的關懷關係;教師如果不試圖了解學生,也難與學生有正向的互動和關懷。

人際間正向的互動和關懷,使人感到被需要,因此生命仍然有意義。當德瑞莎修女(Mother Teresa)第一次訪問美國時,記者詢問她印度加爾各答與美國相比的貧窮度如何?出乎記者的意料,德瑞莎修女說:「美國的貧窮度遠超過加爾各答。」記者追問她什麼意思?美國怎麼可能比加爾各答貧窮?德瑞莎修女以她明亮的眼睛直視記者,簡單地回答記者說:「加爾各答是物資上的貧窮,而美國人卻害了孤單的嚴重疾病。」對德瑞莎修女來說,孤單而無人關懷的人才是貧窮的人,所以她在加爾各答和許多其他有愛心的人,把生命垂危孤單的人從街道上帶到修道院,幫這些人梳洗乾淨,讓他們有臨終的關懷,保有一些基本的人性尊嚴。相對地,很多其他國家的新移民到達美國後,最難適應的是美國社會所強調和重視的「隱私」和「獨立」。你也許可以在每一個街道的轉角找到星巴克咖啡,但是你卻很難找到一個可以悠閒地陪你喝一杯咖啡,不會時時看錶,急著去應付人生其他事務的人。有一位女士來自中東,她就說:「我們也許打不贏伊拉克,但是我們卻不會孤單地喝咖啡。」所以有些人寧可回到他們的家鄉,寧願生活在戰亂中,而不肯忍受在美國社會所感到的疏離。

人與人間的疏離,造成社會上很多有話無處說、有心事無人能分擔、有委屈無法申張的憤怒、沮喪和失望的孤單人。依常理來說,人都喜歡被關懷,也有能力去關懷別人,這是最基本的人性需求。所以在辦公室、在教室內,這種關懷的行為是可教也可學的。

在教室內可以教和學的行為，包括開學的第一天就能叫出每一個學生的名字，讓學生認養一條街道、一隻寵物、一個盆景等；在辦公室內每一個月可以有一次慶生會，用分組的方式準備茶點，或是分派工作由一組人共同規劃、執行，當然這種行為都必須刻意去溝通營造和規劃。

學者Mayeroff（1971）提出了四個關懷的原則，這些原則可說是關懷課程的基礎。

1. **關懷提昇人類的成長和發展：** 缺乏他人關懷的學生通常會影響他們身體、心理和感情的發展。很多棄嬰以及在孤兒院長大的孩子，就算是有善心人士的領養，但其在外形和心理的成長和發展，通常比一般在父母共同養育愛護的孩子來得瘦小畏縮。

2. **關懷可以發展健康的人際關係：** 關懷影響人們社會化的發展。在被關懷的環境中長大，同時也被教導去關懷別人的學生，通常較能主動關懷別人並與他人產生良性的互動，也較具有正向的自我觀念。

3. **關懷可以展示如耐心、誠實和勇氣等人類的價值：** 關懷的行為和關懷的過程，可以說是需要有道德的勇氣，在自己的能力可以做到的情況下，以物力、時間和耐心去關懷別人。付出愛心和行動，往往需要犧牲個人的時間、金錢和享受，所以需要有道德勇氣和決心。

4. **關懷可以呈現在信任、人性和希望：** 懂得關懷並且能給予關懷的人通常對人性充滿希望，相信人性有善良的一面，也願意給他人嘗試和改進的機會。

從Mayeroff的理論來看，學校是發展和培養關懷最理想也最自

然的環境。關懷需要有道德的勇氣和行動,所以在談論關懷的課程前,讓我們先了解關懷的道德(The ethic of care)。

Γ 二、關懷的道德

Noddings(1999)研究發表的「關懷的道德」,通常被視為道德教育的重要思想理論。她認為關懷的道德之先決條件是良好的人際關係,也就是說,能與人產生相關聯性,推己及人。中國字兩個人變成一個「仁」字,也就是說要能愛人如己。當他人感到傷心,自己可以感受到這個人的心情,並且以語言或行動表示關懷。這是反應個人和他人的人際關係極重要的原則。

Noddings 認為,給予關懷的人,必須要先去了解被他們所關懷的人。例如:父母關懷他們的孩子,夫妻間的彼此關懷,教師關懷他們的學生,上司關懷他們的下屬,或是下屬關懷他們的上司。當給予關懷的人了解對方的個人心境和環境的情況,然後才能決定用什麼方法,在什麼時間和場所去給予關懷。Noddings 同時認為,被關懷的人必須認清關懷的人之心意。她認為關懷是:「在他人身上完成自己」,因為關懷的人想要了解並幫助被關懷的人,而被關懷的人也能清楚地知道對方的關懷。

她把關懷分為二類:一種是「我想要」;另一種是「我必須要」。她的解釋是當一個人想要去關懷某個朋友,所以擁抱這一位需要用擁抱來表示被關愛的朋友,這是自然的關懷,也比較近似「我想要」的關懷。但是如果去擁抱一個相識的人,事實上那卻是自己想逃避的人,不想去知道那個人的痛苦;但為了那個人的需要,我還是擁抱了他,這就是關懷的美德。這個行動也傾向於 Noddings 所說的「我必須要」的關懷。所以當個人表達關懷的行動時,

是因為相信這種行動是一種合適的方法,得以因此與人產生相互的關係,這就是關懷的美德。

在關懷的行動中,Noddings 認為有三個重要的因素:

1. A 關懷 B:也就是 A 對 B 的注意力和產生關懷的動機。
2. 因為 1 所產生的關懷活動。
3. B 能體認到 A 對 B 的關懷。

人與人之間的關懷行動常常在有事故的時候更能顯現。例如:在筆者居住的社區中,有一位太太平日總是笑口常開,一日在超級市場遇見她,發現她身材消瘦,笑容也顯得生澀,這是關懷的第一個因素(注意和產生關懷的動機)。筆者詢問她的近況,和為何日漸消瘦,這是關懷的第二個因素(因為注意力所產生的關懷活動)。她告知因為先生丟了工作,家庭經濟受到影響。筆者邀約她和先生到筆者家用餐詳談,她接受邀約並表示感謝,這就是關懷的第三個因素(被關懷的人能體認到對方的關懷)。

從以上這三個要素來看,關懷而沒有行動,那麼這種關懷是空洞的。被關懷的人如果不了解對方的關懷,就較不容易接受對方所釋出的善意,並以相對等的態度去回應對方的關懷。例如:父母關懷管教孩子,希望孩子出人頭地,為孩子安排了課後輔導,加上音樂美術等活動,並宣稱都是為了「孩子,我要你比我強」。但是孩子不願意將全部時間投入學習的活動,認為父母拘束了他們的自由,以抗拒的態度去回應父母,就影響了關懷的活動。這種例子在華人社群中經常可見。這樣的情形發生時,會使親子關係緊繃,家庭的氣氛就無法維持和諧的狀態了,在這樣的情況下,父母和子女需要溝通,做適度的要求和時間的安排。如此給予關懷和被關懷的人才會有良性的關係和互動。

三、關懷的課程

　　接下來要談的是關懷的課程。教育的過程中除了知識的傳達和教導，還要為社會培養有能力去關懷別人的人和能接受關懷的人。所以在設計和安排課程的過程中，要讓學生的興趣和能力與課程的內容產生有意義的關聯性；亦即，學生對課程的內容有興趣，並且有能力去了解課程內容的實用。例如：上一節提到偏見，每一個人以及他／她的家人或朋友，在人生的某一個階段，可能會因為身高、體重、長相、家庭環境、性別等種種因素受到嘲笑，所以偏見是人人能耳聞、眼見或是體會的事，和每一個人都有關係，也都有能力了解。教師讓學生分享他們的經驗，以及了解關懷的必要和影響，可以達到較高的學習成效。其次要和學生溝通，讓學生知道教師的關懷，懂得教師的用心。教師要先打動學生的好奇心，使他們有學習的動機，然後經過生動有趣的教學法，傳達課程的內容。圖6-1 顯示教師、學生和課程的相關聯性。

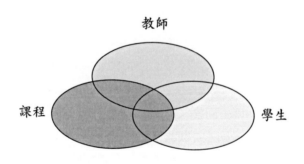

❖ 圖 6-1　教師、學生和課程的相關聯性

Noddings 進一步提出下列幾個運用關懷的課程在教育上的方法：

1. **以身作則**：身教重於言教，教師和行政人員首先要顯示關懷的行動。例如：校長關懷教師的個人和專業的發展，在教師的特別日子，如生日、結婚或是家中有特別的事故時，能夠以電話、書信或是親自到訪表示關切。教師則要關懷學生的學習和成長的需要，要刻意應用學生能了解的教學方法，使他們得到最好的學習效果；對於有特殊需求的學生，教師和行政人員也要尋找更多的資源，使這些學生也能夠發展他們的長處，如有的學生也許需要比較長的時間去統合資訊；有些學生也許需要利用不同的媒體和教材去接受知識。

2. **運用對話**：在學校中，大部分教師是沉默的；在教室中，學生的心聲也常常沒有人聽到。古今中外許多偉大的教師和哲學家都運用對話去教導啟發疑惑，如孔子和蘇格拉底。在對話的過程中，讓對答的雙方都能即時溝通，或得到新的主意。如果行政人員和教師能夠有特定的時間，能夠開誠佈公，交替問答，就可以澄清疑問，減少猜疑。學生和教師也需要有特定的時間，讓教師聆聽學生的意見，了解他們的需要。這種對話可以使每個人都得到尊重，感到被關懷。亞裔的學生通常比較願意私底下與教師對話，不喜歡在公開的大眾場所與教師問答。所以教師可以在辦公室門旁張貼可以與學生對話的時間，讓學生選擇他們方便的時間，以進行私下的對話。

3. **練習關懷**：關懷的行為並不是與生俱來，尤其是很多獨生子女，在他們年紀小的時候，如果父母和長輩沒有教導他們去

分享玩具或食物，學習表示同情，他們在學校中就不見得知道如何去表達關懷。所以關懷的課程讓學校中的每一個人都有機會得到訓練，並練習關懷的行為。例如：全校可以認養一個社區，幫忙社區中的守望相助以及資源回收的工作；學校內可以讓學生領養一小塊花圃，或讓學生分組照護一些盆景；每一個班級可以籌募一個小公基金，以幫助班上有急難的同學，如果到學年末尚有剩餘的公基金，可以讓學生自行決定捐贈給任何慈善團體。

4. **了解並體認對方的關懷：**當我們辨識並體會對方的關懷時，也表示我們感激並接受對方的誠意。這個舉動對被關懷和給予關懷的人都很重要。因為如果你所表達的關懷，不是對方所願意接受的，那麼施和受的人都不會感到愉快和感激。例如：美國政府基於全國超過37％的人民有體重過重的問題，於是食品藥物管理局（Food and Drug Administration, FDA）規定所有速食餐廳，如麥當勞、Burger King 等，都要標示各種餐飲的卡路里。很多百姓都認為政府管得太多了，影響了個人的自由，也減少了用餐的樂趣；對那些餐廳的業者來說，重新製造所有的看板和菜單，又是一大筆開銷。顯然政府的關懷並沒有得到很多人的讚賞，也就比較不會得到善意的回應了。

為了讓關懷的美德落實在課程中，行政人員要了解教師的專長，教師也要了解學生的優點。教師無法指望每一個學生對每一個科目都有興趣，而且都能夠達到最高的成效，因為這種指望很多時候是不切實際的。從 1990 年起，很多學校應用了 Howard Gardner 的多元智能在教學上。如果教師能夠辨識和應用學生的多種智能在

教學中，可以使學生發揮這些專長，提高學習的興趣和得到學習的功效。而學校也要有具備不同專長的教師去訓練學生這些專長，如此可以使更多學生產生並維持內在的學習動機。例如：有的學生具有歌唱的智能，學校的課程中應該能給予學生一些特別的歌唱訓練，有抒發和表演歌唱的場所和機會，也要有讓這些學生進修的管道。換句話說，每一個學生都應該有個別的學習標準和目標。目前政府正在努力推行小班制，一班的學生人數愈少，可以使教師們更能辨識學生的優點，並且給予適當的教導，使學生的智能得以充分發展。

除了讓個別學生在課程的安排和教導上得到個別的關懷，學生也要學習能關懷別人。課程的安排可以應用多元文化教育在各類學科的教導和學習。例如：學習歷史科目的時候，可以學習到文化的形成和演變，以及人類求生和維生所運用的方式；學習家事科目的時候，可以了解其他文化對飲食和住宿的不同需求，和如何辨別有害或可食用的蔬菜和果實。個別的學生家庭中如果有特殊的飲食和料理的方法，也可以鼓勵他們在班上分享。一個被關懷的學生比較容易關懷別人，所以如果學生認為他／她的分享和貢獻得到賞識和鼓勵，這樣的學生也往往比較容易給予別人讚賞和鼓勵。

教師除了要關懷學生，更重要的是教師間也需要彼此關懷。很多教師感受到社會對他們的期許很高，社會大眾指望他們教導和管理學生，使學生日後成為社會的人才、國家的棟樑；但是教師們卻極少獲得肯定，或者聽到讚賞和鼓勵。加上教室外的行政責任，個人的專業成長都需要有其他的教師同仁和行政人員的支持。所以利用每一個星期或每一個月的會議，讓教導同一個科目和同一個年級的教師能夠有分享、觀摩和討論的機會，並且共同規劃校外參觀。

教師們更應該有新書導讀或者是資訊分享的活動，而行政人員除了應該給予精神上和資源上的支持，也有必要與教師們共同研讀。

　　行政人員在關懷學生和教師們的同時，他們也需要被關懷。行政人員可以主動與教師們溝通校內重要的措施，讓教師們有共同參與決策的機會，也讓教師們了解行政人員也需要教師們的配合和支持。筆者觀察美國一些中、小學校，他們每一個星期安排了兩個小時，全校從校長、教師、學生到司機和廚師在這兩個小時中，全校都在看書。這個措施告訴了全校的每個人閱讀的重要，以及邀請全校共同從事一個有意義活動的重要性，如此形成一個關懷每一個人內在成長的學習環境。這類的學習措施，使得全校的每一個人有健康正向的共同活動，給予學校活潑的生氣，也讓學生觀察和體會到行政人員和教師們的關懷，更重要的是讓全校感受到一種合一的關係。

第五節
發揮潛能的學習──
高樂觀度的學習

一、樂觀的人生

　　《國語大辭典》對樂觀的解釋是：「觀察事物，以其現象為可樂而前途有美滿希望者。」從這個定義來看，樂觀的人，並非視而不見，或是具有「駝鳥」心態。他們能在所處的境遇中，看清事物，懷有希望，因此較能克服人生和生活上的困難。

　　在傳統的觀念中，如果個人沒有達到學業或是事業的成就，多

數的人通常會歸咎於才賦不好或動機不強。然而個人成就的因素除
了才賦和動機之外，個人的人格特徵，如這個人是樂觀或悲觀，也
影響了個人待人處事和學習的態度。樂觀的人較能堅持理念，面對
失敗的時候，也能接受挑戰。他們認為逆境總會過去，而生命中尚
有許多美好的事情，成功的可能性依然存在。對於同一件事情，樂
觀的人和悲觀的人就持有不同的解釋和看法。如：

樂觀的人	悲觀的人
他今天的心情不好。	男人都是暴君。
百分之五十的腫瘤是良性。	百分之五十的腫瘤是癌症。
這本書對我沒有用處。	書本沒有用處。
我的房間是凌亂。	你老是嘮叨。
下次還會有機會。	幸運不會再來。

　　讀者也許可以發現悲觀的人很容易過度反應，比較極端。而樂
觀的人卻較能就事論事，為自己和別人留下可以努力改進和可以改
變的空間。相形之下，樂觀的人自然比較快樂。

　　樂觀的人較能面對人生和生活上的困難，他們不會完全怪罪別
人，也不會過度的矮化自己。以下列的陳述為例：

　1. 你這學期的成績很差。你的反應是

　　　(1)我很笨。

　　　(2)我不夠用心。

　2. 你有一個團體作業，結果很糟糕。你想

　　　(1)我無法和別人共同做作業。

　　　(2)我無法和那群人共事。

3. 你的老師問你一個問題，你答錯了。你認為
   (1)我回答問題的時候會緊張。
   (2)那一天我太緊張了，所以答錯了。

　　讀者是否可以從你自己的反應中瞭解自己較偏向樂觀或悲觀？從上面的陳述，如「我無法和別人共同做作業」，或者只是「無法和那群人共事」？前者是概括性及永久性，而後者卻是短暫性，可以改變的。對多數成年人來說，樂觀來自面對負向的思考和感覺後所改變的態度。

　　一般來說，父母和師長對孩子和學生的期望和互動，常常造成因社會化而影響他們的情緒。在家庭的成長過程和學校的學習過程中，個人與父母手足和教師的互動，對個人的自我評估和結論往往影響了人們是否易於為自己的成就或失敗下結論。例如：在每一個新學期開始，當新老師踏入教室，女學生通常正襟危坐，對老師的教學十分專注；如果她們有不守規矩時，經常呈現耳語或者是竊笑的行為。而男學生就經常不安於長坐，也常常不等老師叫他們的名字時就搶答。女學生常被教訓的是：字寫得不夠工整、數學不好；相反地，男學生比較常被教訓的是不守規矩。當他們做同樣的習題，而都解答不出來的時候，女學生對自己的結論是：我不夠聰明、我的理解力不好；而男學生卻常詮釋為：我不注意、我不夠用心。換句話說，女生的結論常是無望的，不可逆轉的；而男生的詮釋卻是短暫的，仍然有救的。在這種社會化之下成長的女性，通常較容易經歷沮喪和無助。家長和老師應該留心，不要在無意和無心時誤導了女孩子。

　　其實樂觀的態度常常來自人類的天性，每個人樂觀的程度和範圍都不一樣。小孩子和大人一樣都有失望和沮喪的時候，但是他們

通常不會感受到完全無助。所以一般來說，七歲以下的孩子不會自殺。Seligman 認為，小孩子代表人類的未來，因此自然界也不會讓小孩子感到完全無助而自殺。不幸的是，這種樂觀態度到了青少年期就有了極大的改變。

　　Seligman（2006）做了十多年的研究，發現約有三分之二的人在經歷過挫折和困難後，變成無助的學習者（Learned Helplessness）。這些人當中有許多人無法相信他們可以改變現狀；但是也有一些人了解到，就算是好人也會碰到不好的境遇，他們因此能從逆境中掙脫出來。Seligman 在發現了這種現象以後，和他的同儕研討如何改變人們的思維，以改變人們的態度，消除沮喪的心緒。他們發展出 ABCDE 模式，引導人們從認知體會的過程中，重新找到新的動力。例如：在教室內，教師碰到不用心的學生時，如何解讀行為現象，如何打破負面思考的形式，然後就個別狀況消去不甚合理的思考，積極面對情況，重新找到努力的動力。敘述如下：

A：Adversity（逆境）：我無法使一些漫不經心的學生用功讀書。

B：Belief（想法）：為什麼我無法改變這些學生？如果我更聰明、更有創意，也許我可以使他們對學習感到興趣。如果我無法教導那些最需要幫助的學生，那麼我就沒有盡到教師的責任，也許我是一個不適任的教師。

C：Consequence（影響結果）：我沒有足夠的創意，我的體力和精力無法應付學生，我覺得沮喪和被學生排斥。

D：Disputation（爭論）：我不應該為少數學生而否定我身為教師的價值，事實上多數的學生都表現良好。我花了很多時間備課，也經常加入新的教材和教法，也許到了學期末

我可以邀請其他有同樣問題的同事討論，或許我們可以想出更好的方法來幫助這些漫不經心的學生。

E：Energization（打起精神）：我覺得我是個負責任的教師。我希望能在與其他有相同問題的同事討論時，得到更多的意見和更好的做法。

另外一個例子是用 ABCDE 的模式在職場的情況：如果你是一個工廠的經理，你的團隊進度趕不上公司的要求，敘述如下：

A：Adversity（逆境）：我的單位生產進度緩慢，達不到生產的指標，老闆怪罪下來。

B：Belief（想法）：為什麼我的單位無法達到要求的目標？我已經告訴他們每一個細節，他們還是做不來。為什麼我無法使他們做好他們的工作？好了，現在老闆臉色難看，他一定認為我是瘸腳的經理。

C：Consequence（影響結果）：我對我的單位真生氣，我想把他們叫進來訓一頓。我對自己也不滿意，不知道是否能保有我的工作。我想在我的單位的生產進度還沒有趕上之前，我最好避免看到老闆。

D：Disputation（爭論）：好了，我的單位生產進度是落後。但是一部分原因是我們添了幾個新手，他們還需要一些時間才能熟悉工作的流程，我已經告訴他們正確的方法，雖然其中有幾個學習得很慢，但是有一個卻很快就上手了。此外那些老手都很努力，我是需要多一些耐心。我已經向老闆報告了這些事，老闆也了解這情況，他並沒有指出我做錯了什麼。我想老闆也有壓力。我會繼續幫忙新手，鼓勵老手，甚至讓老手輔助新手。

E：Energization（打起精神）：我不再覺得我需要對員工發火。其實我應該平靜地和員工討論我們的情況，讓大家共同努力。我知道我在公司一向表現良好，不必太擔心我是否會被炒魷魚。我想向老闆報告我們的進度，並且回答他的問題。

　　從以上的二個例子，各位是否可以辨識生活中的逆境，以AB-CDE的模式為自己解套，使自己可以樂觀地面對每一天？

一起來練習

1.A 一件價值連城的藝術品被清潔工人噴上了清潔劑。

　　B

　　C

　　D

　　E

2.A 在上班時，褓姆打電話來說微波爐壞掉了。

　　B

　　C

　　D

　　E

3.A 洗衣店把心愛的禮服弄丟了。

　　B

　　C

　　D

　　E

4.A 工作做不完，孩子在學校出事，老師打電話來，要求到學校
　　面談。

　　B

　　C

　　D

　　E

二、樂觀的學習

　　樂觀的學習來自辨識並培植長處，並應用在工作、愛和教育
上。高樂觀度的學習就是提醒和鼓勵人們在學習的過程中，能夠認
清困難的所在，面對失敗，並努力找到奮鬥的活力。

　　樂觀的學習者有下列特質：

　　1. 能誠實地自我評估。

　　2. 有希望得到成功的自我動機。

　　3. 願意投入時間和精力。

　　4. 了解自我的優點並且能發揮它們。

　　5. 有勇氣改變並且能抵擋負向的壓力。

　　6. 能發展和應用學習的工具和技巧。

　　7. 有正向的態度能提昇高樂觀度的學習。

　　如果樂觀的學習者能得到高樂觀度的教育者之教導，那麼學習
的效果一定會大幅提高，而學習的過程和經歷必定是正向的。高樂
觀度的教育者也具有以上的特質。

下列問題可以幫助教師或教育工作者經由反思和訓練，而成為高樂觀度的教育者。

1. 你如何幫助你的學生或者你訓練的對象成為高樂觀度的學習者？

2. 上列中哪一些項目你自己需要培植，以成為高樂觀度的教育者？

3. 請你列舉至少三個方法去設計一個學習的環境，足以產生高樂觀度和快樂的學習者。

CHAPTER 7

正向心理學的未來——
從個人內在的喜樂引導
社會的和諧

本章目標

本章敘述正向心理學未來在人生和教育場所的
展望。

閱讀本章後，讀者可以：

1.明白正向心理學必須是科學的研究。

2.了解正向心理學需要經得起檢驗。

3.操練得到正向心理的方法。

4.思考正向心理學發展的方向。

　　正向心理學未來發展的細節，事實上很難用幾句話來預測。正向心理學一方面要依賴正向心理學家的努力和研究，建立正向心理學的學理基礎，提供科學的證據，使正向心理學的內涵日益豐富並引起社會其他行業的注意。另一方面是取決於社會大眾對於自己快樂和滿意的程度，採取什麼樣的看法和態度。當人們有意識地檢視個人的思想和生活方式，發掘並應用自己的優點，發揮自己的潛力；當社會給予個人鼓勵和滋潤的環境和機會，使才能與工作相契合；當工作和學習的氣氛是包容、扶持和互助的時候，也許正向心理學就不再是一門很重要的專業。

　　任何的應用心理學都是植基於對人性的假設。個人的道德判斷和喜好，影響了個人行為的選擇和方向；更重要的是，這些對人性的假設又受到文化、社會和歷史的影響。正向心理學的核心是在發現個人的長處，以及發揮社會和個人的道德。既然每一個人的長處不一樣，而每一個社會和文化的美德判斷也不相同，如此看來，正向心理學應該具有無垠的空間和無限的時間去研究和尋思。

　　其次，心理學界和教育界長久以來受到歐美心理學的理論影響很深。佛洛伊德的主張認為人們是「壞到骨子裡」，處理和治療心理疾患的方式，常常是用心理分析的諮商方式。發展本土的正向心理學，可以根據本國的國情、文化的價值和內在的動機，以本土的哲學思想，觀察國人的行為，研討不同的方法，鼓勵國人去尋找快樂以及得到社會和諧的理論架構。從應用正向心理學的觀點來說，可以考察本土社會環境的動力，設計適合國情的工作和學習的環境，使正向心理學成為可以讓個人的潛力得以發揮，社會可以安和樂利的生命力。

　　正向心理學想要促進和達成的目標是快樂和安寧。以本國的國

情而言，要使個人能夠快樂和安寧，還必須由個人表現出仁慈的行動，表達感恩的態度；社會上如果人人都發揮同理心，走出自掃門前雪的小我之侷限，就會是正向心理學落實之時了。

第 一 節
幾個歸納

綜合本書以上所述，讀者可以體會到，了解和應用正向心理學的成果是使人們感受到身、心、靈的和諧，因而得到快樂。然而就像臨床心理學、諮商心理學，和工業心理學一樣，正向心理學也要能經得起批判、檢驗和更新，以期能達到更好的實用效果。正向心理學仍然是一門很年輕的專業，從本書及其他學者的研究，可以從以下幾點做研讀和探討：

1. 正向心理學在東西方的哲學裡，都有很長遠的歷史。在西方可以追溯到亞里斯多德，他強調內在價值和外在行為的結合，形成了社會的價值；基督教的教義則要信徒了無掛慮，靠神喜樂。在東方中國儒家的快樂，是植基於家庭人倫關係的和諧；老莊的清靜無為、佛家的空寂，而禪所說的「無心」則著眼在不執著、無掛慮。

2. 正向心理學的價值觀是正向的，是探討人性中的善良，而不是針對病態心理的研究。它的目的在幫助人們達到身、心、靈的安適。

3. 了解和應用正向心理學，並不是去否定或忽視在生命或生活中的不如意所造成的影響，而是要促使個人在逆境中能做樂觀的努力。

4. 正向心理學必須經由科學的研究，並接受實驗和檢視。

更重要的是，正向心理學必須經由個人用心地反思個人自己的生活和生命。在反思的過程中容許自己花時間，也可以用測量表以檢視自己的生活方式，思考自己的生命價值和意義。

Csikszentmihalyi 等學者認為，我們如果期望孩子們真正享受學習的樂趣，我們的教師們除了提供知識的學習，還要使孩子們在學習的過程中感到快樂。讀者不妨回顧自己在學校學習的經歷。筆者認為，最讓我們懷念和感激的老師多半是關懷學生、支持學生的老師；至於他們所教授的課程內容，經常已被更多更新的資訊及其他的學習管道所取代。筆者觀察本人高中和大學的同學，在學校的時候都很用功，成績也很優良，但是畢了業，出了校門之後，卻極少有人會重新閱讀高中和大學的教科書，溫習書本似乎不是他們所感到快樂和愛做的事。

筆者近年的進修及研究，更確定了情感的平靜和愉快，比智商的高低更能影響個人的學習和做事的成果。如果生活和教育都能夠應用和發揮正向心理學，主管關懷下屬、教師關心學生，在心平氣和並互相扶持的氣氛下，不但能減少暴戾之氣，而且能讓個人專注於他們該做的、該學的事項。

也許有人會懷疑，過度地強調情感的平和，是否會影響工作和學習的績效？事實上，在學期剛開始，教師應該和學生共同商討訂定教室內的規則，訓練學生去遵守這些規則。有了共識，教師和學生就是學習的夥伴，在這種原則下教師就可以營造正向的學習環境，以使教師和學生得到正向的心理。在職場中，僱用員工時，他們的工作責任和規定都應明確地與員工溝通，給予該有的訓練，讓他們了解到他們在單位中的關鍵；一旦任用，就應該授權和信任他

們，而單位中也需要提供機會幫助員工專業的成長。這樣的工作環境，自然會帶給員工正向的工作情緒和經驗。

第二節
正向心理學的操練

依本書所述，下列這些簡單可行的事項，可以供教師和主管做為提高士氣，增加學習和工作效率的參考。

一、每天撥十分鐘做會報或做柔軟體操，也可以運用深呼吸以放鬆身心

1980 年代非常盛行的商業管理 X 理論，建議員工和主管在每天早晨先有精神鼓勵及暖身運動，讓每位工作人員的身體和心理都得以做好一天的準備，同時也讓員工和主管建立社會互動，這種措施如今仍通行在許多公司中。從身體的活動到社會性的互動，使參與的個人能夠滿足基本的人性需求，並且和其他同儕產生關聯。當人們內在的需求得到滿足，他們的學習和生產力也會提昇。筆者任教研究所，每星期上一次課，上課時間將近五個小時，筆者在課堂中應用七分鐘的頭腦舞蹈（Brain Dance），師生共同活動，認識彼此其他方面的才藝，重新充電，以保持頭腦的活動力（見圖7-1）。

這種頭腦舞蹈有八個動作，是根據腦部發展的步驟，藉由運動使血液和氧氣充分運行到頭腦。這八個動作從深呼吸開始，就像人一出生吸入的第一口氣，當小孩兩個月大的時候，會試圖接觸外在的環境，從輕觸肌膚，拍、捏和輕撫全身，像父母裸抱和輕撫我們。第三個動作是當小孩能控制頸部，可以抬頭，動作像開合的蚌

❖ 圖 7-1　頭腦舞蹈

殼，就像人在母親子宮內的潛伏；等到小孩五個月到七個月大的時候，可以翻身、爬行，這時已能做平行的類似閱讀的眼睛動作；等到小孩七個月到九個月大的時候，可以做上下肢的交換動作；接下來是眼睛上下注視、走路、跑步，進而跳躍，最後仍然以深呼吸結束。從學生的筆記中筆者發現，學生的精神提昇、注意力集中，而且身心在交換的微笑中得到舒展。

二、鼓勵和提昇內在的動機

當人們喜歡他們所從事的活動時，他們通常會非常專注於他們所做的事。在別人眼中認為艱難或是無聊的事，對他們來說卻是一種享受。例如：很多的藝術家在從事創作的時候，夜以繼日，廢寢忘食，弄得形容枯槁、三餐不繼。旁人會認為不值得，但是對他們

而言，卻是興之所在，雖苦不苦。在全神貫注中，時間飛逝，流暢在所從事的活動中。所以讓員工和學生能發現自己的長處，讓他們得以應用和發揮其長處，這樣的工作和學習就足以使他們感到精力充沛，興味盎然。發展多元智能的 Gardner 就直截了當地說：忘掉你的短處，問問自己，我如何應用我的長處在我的工作範疇中，使我自己更具有競爭力？當人們認為自己能掌控自己的未來時，想要達成目標的內在動機就會提昇，這也是使人達到流暢感和高樂觀學習的指標。

三、把快樂列為人生的重要事項

　　許多的研究不斷地提醒世人：感到快樂是最好的預防藥，可以減少罹病的機率，快樂的人其就業和昇遷的機會也遠大於整天愁眉苦臉或面無表情的人。所以讓學生或員工經由對話和討論的方式，以分享快樂的經驗和得到快樂的方法，可以提醒學生或員工用正向的心態去面對每一天的生活。同時可以不定時地鼓勵學生或員工閱讀能夠激勵和鼓舞正向思考的書籍，如新約聖經、老子的樂活哲學，或是在聚會活動中應用欣賞正向結論的電影，如「阿甘正傳」（Forrest Gump）、「心靈點滴」（Patch Adams）。這些媒體和故事都反應了主人翁經歷困境，以他們的彈力韌性，克服了人生的障礙，達到了不同層次的成就。這樣的活動在娛樂中，在帶淚的微笑中，去思考使人生快樂的不同方式。學習新的技巧也能提高自己的生命力，帶來新的活力。筆者在墨西哥看到許多成年婦女，認真地學跳肚皮舞和油畫，無視於周遭的吵嚷（見圖 7-2、7-3），她們在專注中得到了流暢（flow）的快樂。

❖ 圖 7-2　學習跳肚皮舞的墨西哥婦女

❖ 圖 7-3　學習畫油畫的墨西哥婦女

四、觀察和尋回孩子的天真

在一些文化觀中，認為七歲以前的孩子是屬於神的，他們沒有邪念，很誠實。皮亞傑的認知發展理論認為：這個年齡層的孩子是以自我為中心，他們用自己的想法看世界，直截了斷，而且是正向的。孩子通常很誠實，而且也極富有同情心。當他們看到別人掉眼淚，或聽到哭聲，很快的就像鏡子反應般，跟著哭泣；當他們看到笑容的時候，也會用笑容以對，他們不會設計害人或想法防範人。筆者的女兒五歲時，在一次的全家出遊，到天晚了，我們準備到餐廳吃飯，車子進行時，她望著天上的星星，很認真地說：「星星一定也餓了，它們要和我們一起去吃飯。」這種單純的綜論和同理心，就是使我們無憂和自在的動力。如果我們能以孩子的眼光看事物，也許人際關係會簡化些，問題也都得以解決。

五、走入人群，服務他人

現實社會的很多事情，事實上都需要更多的合作而非競爭。在今日複雜的環境中，許多實質問題幾乎都不是個別獨立的問題。例如：社區安全或垃圾處理，與社區內的每一個人都有關係，也需要每一個人的共同參與。所以因著個人的服務和貢獻，在群策群力下，共同解決問題，完成彼此的心願。從專注沉穩中，流暢快樂的滿足感就能油然而生了。記得我們小時候常常寫作文，每當寫「我的志願」時，很多人都說：「我將來要做大事，成為偉大的人。」這種觀念往往影響我們走入人群，因為社會中不見得天天有大事，偉大的人也不見得是天生的，很多大事都是集合許多人的智慧和勞力才能完成。滴水穿石和鐵杵成針都是點點滴滴的耐心和時間所造

成的結果。因此在群眾中完成許多的小事，就可以匯聚成一股力量。此外，社會上每一個人以自己的方式，在自己的小角落裡出力發光，就是那個小角落裡偉大的人。因為你已經在一個特定的社會狀況下，完成了一些小事，有效地運用了成功的智慧。

第三節
正向心理學的發展方向

在二十世紀中，人類經歷了兩次世界大戰、韓戰、越戰、伊拉克戰爭，以及無數的局部衝突。工業化和全球化使人們見識了許多生活上和工作上的改變。心理學界所面臨的情況、個案和問題，大部分是沮喪、暴力、種族歧視，心靈的重壓等負向的感覺和症狀，而極少著重在提高和發揮美德，或任何使人們能增加快樂的相關研究。正向心理學則是著眼在探討使個人、團體和機構能發揮最大的功能，繁榮和發展的可能和可行性。正向心理學在短短的十年間，獲得了心理學家和教育界的重視，公開提倡以來，已經有許多的學術會議，也提供相當的經費給年輕的研究員做研究；除了有博士後的研究，2006 年賓州大學更成立了正向心理學的研究所，正向心理學的發展方興未艾。但是正向心理學日後的發展方向，仍有待更多的研究和整理，筆者認為下列幾點可以供正向心理學研究和發展的參考。

一、從文化觀去探討不同的族群如何界定、尋找和運用正向的情緒

每一個不同的文化和族群有不同的期望和禁忌。既然人們都希

望過愉快和寧靜的生活，學者、教師和研究者應該幫助社會大眾做探討和反思的工作。例如：思考哪一些行為是被接受和受鼓勵的？對該族群而言，什麼事使他們感到快樂？哪一些是可以宣揚提倡的？要如何去表達和分享正向的感情？這一個族群如何解決衝突？如何平息紛爭？哪一些美德是他們最重視的？這些問題的答案可以幫助該文化和族群的每一個人，理直氣壯地獲得正向的感情，也可以幫助來自其他文化和族群的人，促進族群文化間的了解。例如：大部分的亞洲和拉丁美洲族群喜歡花時間與自己認識的人用餐、敘舊，在杯盤交錯中，彼此關懷，解決問題，並獲得快樂；在與親人和友人的相聚中，得以滿足安全和歸屬的需要，因而有正向的情緒。在美國的印地安族群，如果有紛爭的時候，酋長就是做判斷和決策的人，一旦酋長下令，則人人噤聲。近代的印地安族群有了諮詢會，參與做決定的人較多，公信力就增加了，如此也維繫了族群的和諧。

二、結合團體，推廣關懷的觀念

除了 Seligman 所建議的，從個人的長處和個人的正向經歷去體會正向的感覺之外，機關團體要能營造支持合作的氣氛，使在其中生活和工作的每一個人感受到被重視和需要。這種關懷的觀念必須由機關團體的負責人以身作則，有道是「上有好之者，下必有更甚焉」。一旦下屬意識到首長和負責人的正向樂觀態度，就比較能造成風氣，養成習慣。尤其是今日的職場中，有很多不同的工作人員，具有不同的才能，來自不同的文化背景，運用不同的學習方式，更需要機關團體的負責人敏感到這些不同處，使工作和他們的才能配合，發揮他們的潛能。機關團體的負責人也要能經常保持正

向的態度，樂觀下屬的成長。

三、集合不同的行業做正向感情的研究

要使正向心理學深入到每一個領域，需要能從不同行業的從業人員著手。例如：本書有許多的建議方向可以供教育界和訓練者的參考；但是醫藥界和社工人員，因其直接接觸到病人、家屬和家庭，他們必然有身體、心理和社會性的需求，如何了解他們的不同需求，給予有建設性的方向，導引到正向的思考，才可以使他們心情平和，得到正向的感情。2007 年 Luthans 等學者出版了 *Psychological capital*（或稱 PsyCap），以運用正向心理學在企業領導方面。PsyCap 期望使個人發揮和保持正向的心態和行為，以提高機構和個人的生產力，發揮領袖的效率。他們具有自信能努力完成挑戰性的工作；他們做了正向的貢獻，並對現在和未來的成功充滿樂觀；他們具有毅力，必要的時候可以改變策略，滿懷希望地向成功的方向前進；當他們碰到問題或困難的時候，會具彈力韌性去達成目標。有了自信、樂觀、希望和彈力韌性等四個正向的期望，必然會提高了工作的表現和增加領袖的效率。這個理論提出來後，在領導和管理界得到很肯定的回應。

諮商心理學界也開始注意應用正向心理學去輔導患者。很多諮商師相信發展和保持病患的正向心理和行為，可能減少患者的負向思考和行為。例如：引導患者有感恩的思想，平靜他們的思緒，可以減少他們想到不愉快和困擾的時間。因為從自主神經的觀點而言，一個人不可能同時感受到放鬆和不愉快的心理。

當正向心理學應用於諮商的時候，諮商師通常專注於從病理學的症狀，增加個人對其長處的認知，引導患者多運用正向的言語。

正向心理學所應用的自我信心（Self-efficacy）在應用心理學的研究，證明了自我信心可以促進健康，提昇免疫力，減少對藥物的依賴。所以從諮商心理學的立場而言，從直接導引個人的自我信心加上藥物的介入，可以有效地達到諮商師所想看到的成果（Bandura, 1997）。一些諮商師選擇寬恕和靈命的成長，做為輔導患者增加自我規範和提高自信心的方向。諮商界目前尚未發展出以寬恕和靈命的成長做為幫助患者的模式，所以如何應用正向心理學的其他特質，如樂觀、有彈力韌性等都有待發展。

四、訓練和培養對話溝通的能力

　　社會認知心理學家如 Vygotsky 認為，孩子們認知能力的發展是經由與該文化中能力較高，或年齡較長的人之互動和對話。人類歷史上兩個偉大的教師，孔子和蘇格拉底都是用對話的方式去啟發和教導他們的學生。到了二十世紀，巴西的 Paulo Freire 就是鼓勵成年人用對話的方式，共同設計一個屬於所有人的學習世界。Freire 的主張也就是邀請被壓迫的成年人，使他們有機會受到教育，讓他們得以發表他們的心聲，並讓其他人聽到他們的心聲。所以不管服務的對象是孩子或是成年人，讓他們能夠聆聽和表達，以溝通和了解彼此的意見和看法，才能幫助彼此增加快樂和解決問題。對話是雙方面交換的意見，不是單方面聆聽或陳述。

　　下列的流程可以幫助對話的方式和傾聽的能力（The Resilient Educator Trainer's Manual, 2006）：

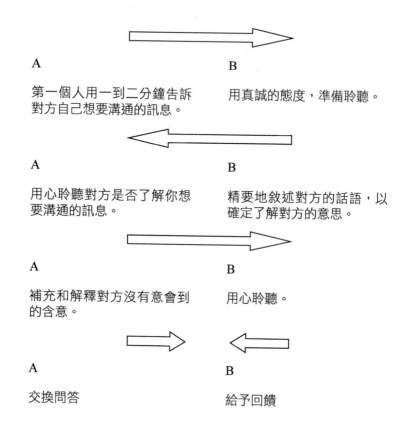

A	B
第一個人用一到二分鐘告訴對方自己想要溝通的訊息。	用真誠的態度，準備聆聽。

A	B
用心聆聽對方是否了解你想要溝通的訊息。	精要地敘述對方的話語，以確定了解對方的意思。

A	B
補充和解釋對方沒有意會到的含意。	用心聆聽。

A	B
交換問答	給予回饋

　　正向心理學的最大目的是使個人從內在的安寧快樂，引導社會的和諧。儘管正向心理學的演化和推動是根據人格和天性，像樂觀和具有彈力韌性等美德，這些特質通常較穩定，發展的速度可能較緩慢，短時間內也較不容易看到改變，然而在正向心理學家的努力研究和推行下，其他專業也開始設計和應用一些使人可以得到正向情緒的環境和個人的專長，使生活和工作在其中的人身、心、靈得

以滿意和平靜。他們用科學的方法,設定指標,並做固定的評量,以做為改進的參考。美國很多大學和研究所的生涯中心(Career Center)都提供能力和長處量表,讓學生能辨識性向和長處,有助於學生做選擇專業和認識自己的參考。筆者認為這種模式可以應用到各行各業,使社會上能有更多快樂的人,壓力減少,才能得以發揮,我們的世界會減少很多的紛爭嘈嚷。

　　儘管多半有關於快樂的實驗研究是針對廣大的人群做調查,但是也有針對學生或單親家庭的研究。過去幾年來很多機構應用正向心理學的理論,進行對員工快樂與否的實驗研究,很多研究都是與國際的生活品質研究(International Society of Quality of Life Survey, ISQOLS),他們的網址是 http://www.cob.vt.edu/market/isgols,可供參考。

　　雖然很多人爭論快樂是一種感覺,很難以數字去衡量,但是一般人把快樂和生活的品質,以及對生活的滿意度視為同義詞。如果對生活很滿意,身、心、靈和諧,看到的人、事、物都很順眼,由於個人內在的喜樂影響到周邊的人,因此而引導了社會的和諧。

　　正向心理學家期望在諮商和治療病人時,不是只限於沒有心理症狀,而是能使他們達到安和與愉快的境界,所以藉正向的感情去修復負向的經驗,並且可以因此增加對付未來的抗壓力。心理學家們了解人們都會經歷正向和負向的心理,因此人們要能面對逆境,接受並且從中找到意義;所以美好的生活要肯努力,面對生活的挑戰,並且要具有熱誠。人活著必須積極且有決心去克服困難,並且要珍惜所擁有的。

　　Seligman 企圖確定正向心理學是一門科學。然而文化價值和個人的道德判斷很多時候無法用科學方法去評定是對或錯,因為這些

　　價值和道德觀常反應在人們的生活中。儘管如此，正向心理學家相信許多問題仍然可以用統計和科學方法去解釋。例如：運用個人的日記也可以求得有效性，自我表達的質性研究也提供了對人類經驗的了解。

　　人類經驗是正向心理學探討的重心。心理學的先鋒，如杜威和馬斯洛，就是注重從人們直接和主觀的經驗，去了解人類的高樂觀度和自我實現。所以對正向心理學家而言，要研究正向心理學的方法，不是考慮哪一些問題適用科學的方法，而是哪一些方法可以幫助心理學家找到他們感興趣的答案。

　　正向心理學有待研究和發展的範圍仍然非常廣闊，例如：感激、寬恕，社會支持等對身體、心理等如何產生影響和造成變化。這類的正向感情可以觀察，可以用自我評量來量化，甚至可以用科學儀器來測試。正向心理學幫助人們知己知彼，更可以使生活中有更多快樂，使社會更加和諧，是一門十分有趣的應用科學。像William James 所問的：「這些概念的現金價值是什麼？」（What is the cash value of these ideas?）讀者們也不妨問一問自己，你從本書的理論和例子得到了什麼？

參考文獻

中文部分

可蘭經：13：28。16：97。

老子‧道德經：45, 9。

孟子‧盡心。

金剛經‧流通分。

莊子‧至樂。外篇 18。

莊子‧庚桑楚。雜篇 23。

莊子‧秋水：外篇 17。

莊子‧德充符。

聖經‧加拉太書 5：22-23。

論語‧學而。

禮記‧禮運大同篇。

英文部分

Abrams, M. (2001). Resilience in ambiguous loss. *American Journal of Psychotheraphy, 55*(2), 283-291.

Bandura, A. (1997). *Self-efficacy: The exercise of control*. New York: W. H. Freeman.

Benard, B. (1991, August). School safety: A collaborative effort. *ERIC Review, 7*(1), 12-14. (ERIC Document Reproduction Service NO440640)

Bentham, J. (1781). *An introduction to the principles of morals and legis-*

lation. Retrieved from http://utilitarianism.com/jeremy-bentham/

Csikszentmihalyi, M. (1990). *Flow: The psychology of optimal experience*. New York: Harper & Row.

Deci, E. L., & Ryan, R. M. (2000). The "What" and "Why" of goal pursuits: Human needs and the self-determination of behavior. *Psychological Inquiry, 11*, 227-268.

Ekman, P. (1992). An argument for basic emotions. *Cognitive and Emotion, 6,* 169-200.

Elliot, A. J., & Thrash, T. M. (2002). Approach-avoidance motivation in personality: Approach and avoidance temperaments and goals. *Journal of Personality and Social Psychology, 82*, 804-818.

Fredrickson, B. (1998). What good are positive emotions? *Review of General Psychology, 2*(3), 300-319.

Gilbert, D. (2005). *Stumbling on happiness*. New York: Vintage Books.

Goleman, D. (2006). *Social intelligence: The new science of human relationship*. Bartan Books.

Gordon, K. A. (1996, June 20-23). *Infant and toddler resilience: Knowledge, predictions, policy, & practice*. Paper presented at the Head Start National Research Conference, Washington DC.

Higgins, E. T. (1997). Beyond pleasure and pain. *American Psychologist, 52*, 1280-1300.

Hurka, T. (1993). *Perfectionism*. Oxford: Clarendon Press.

Levitt, M. J. (1991). Attachment & close relationships: A life span perspective. In J. L. Gertwitz & W. F. Kurtines (Eds.), *Interactions with attachment* (pp. 183-206). Hillsdale, NJ: Lawrence Erlbaum Associates.

Luthans, F. M., Youssef, C. M., & Avolio, B. J. (2007). *Psychological capital.* New York: Oxford University Press.

Lybomirsky, S., King, L. A., & Diener, E. (2005). The benefits of frequent positive affect: Does happiness lead to success? *Psychological Bulletin, 131,* 803-855.

Lybomirsky, S., Sheldon, K. M., & Schkade, D. (2005). Pursuing happiness: The architecture of sustainable change. *Review of General Psychology, 9,* 111-131.

Lykken, D., & Tellegen, A. (1996). Happiness is a stochastic phenomenon. *Psychological Science, 7,* 186-189.

Marks, G. N., & Fleming, N. (1999). Influences and consequences of well-being among Australian young people: 1980-1995. *Social Indicators Research, 46,* 301-323.

Martin, B. L., & Reigeluth, C. M. (1999). Affective education and the affective domain. In C. M. Reigeluth (Ed.), *Instructional design theories and models* (Vol. II) (pp. 485-509). Mahwah, NJ: Lawrence Erlbaum Associates.

Mayeroff, M. (1971). *On caring.* New York: Harper Perennial.

Myers, D. G. (2000). The funds, friends and faith of happy people. *American Psychologist, 55,* 56-67.

Noddings, N. (1999). Caring and competence. In G. Griffen (Ed.), *The education of teachers* (pp. 205-220). Chicago, IL: National Society of Education.

Novak, J. (Ed.) (1992). *Advancing invitational thinking.* San Francisco:

Caddo Gap Press.

Nussbaum, M. C. (1996). *The therapy of desire: Theory and practice in Hellenistic ethics.* Princeton: Princeton University Press.

Palmer, P. (1993). *To know as we are known.* San Francisco: Harper & Row.

Peterson, C. (2006). *A primer in positive psychology.* New York: Oxford University Press.

Peterson, C., & Seligman, M. E. P. (2003). Character strengths before and after September 11. *Psychological Science, 14,* 381-384.

Purkey, W. W., & Novak, J. (1988). *Education: By invitation only.* Bloomington, IN: Phi Delta Kappa.

Sanborn, M. (2004). *The Fred factor: How passion in your work and life can turn the ordinary into the extraordinary.* Doubleday Business.

Seligman, M. E. P. (2002). *Authentic happiness.* New York: Free Press.

Seligman, M. E. P. (2006). *Learned optimism: How to change your mind and your life.* NewYork: Vintage Books.

The Resilient Educator Trainer's Manual (2006). Boulder Creek, CA:Institute of Heartmath.

Walsh, F. (2003). *Strengthening family resilience.* New York: The Guilford Press.

Watts, A. (1961). *Psychotheraphy east and west.* New York: Vintage Books.

筆記欄

筆記欄

筆記欄

國家圖書館出版品預行編目（CIP）資料

正向心理學：生活、工作和教學的實用／江雪齡著.
--初版.-- 臺北市：心理, 2008.10
　面；　公分--（心理學系列；11032）
參考書目：面
ISBN 978-986-191-198-4（平裝）

1. 心理學

170　　　　　　　　　　　　　　　　　97018026

心理學系列 11032

正向心理學：生活、工作和教學的實用

作　　者：江雪齡
總 編 輯：林敬堯
發 行 人：洪有義
出 版 者：心理出版社股份有限公司
地　　址：231026 新北市新店區光明街 288 號 7 樓
電　　話：(02)29150566
傳　　真：(02)29152928
郵撥帳號：19293172　心理出版社股份有限公司
網　　址：https://www.psy.com.tw
電子信箱：psychoco@ms15.hinet.net
排 版 者：辰皓國際出版製作有限公司
印 刷 者：東縉彩色印刷有限公司
初版一刷：2008 年 10 月
初版十刷：2023 年 10 月
I S B N：978-986-191-198-4
定　　價：新台幣 200 元